Mi patria es y no es Cuba

Julio César Soler Baró

Mi patria es y no es Cuba

Julio César Soler Baró

© Julio Cesar Soler Baró, 2015

ISBN- 13: 978-1514851517

ISBN- 10: 1514851512

"Y a veces no quiero ser el personaje histórico que soy, al menos no el de esta historia de Cuba. Pido como si los personajes pudiesen existir sin las historias que inevitablemente los paren históricos, como si las historias pudiesen existir sin los personajes que les hacen memorables".

"El fin del túnel"

Índice

I

Mi patria es no es Cuba

Cuando comencé a tomar parte activa, consciente quiero decir,
en esta épica por la democratización de Cuba, lo hice porque
comprendí que era inmoral el pretender salvar al mundo, sin
antes salvar a mi patria. Entonces era estudiante del Instituto de
Estudios Globales de la Universidad de Gotemburgo en Suecia.
Hoy, bastante después de aquel entonces, la historia dirá si aún es
el comienzo.

Y pienso que si pensé que era una inmoralidad el pretender
salvar al mundo, sin antes salvar a mí patria, que mi patria y
Cuba no son lo mismo, al menos no lo que comencé insinuando
en el párrafo más arriba. Y que me será imposible salvarle sin
verle primero como un lugar más en el mundo, en mi mundo;
que lo verdaderamente inmoral es reducirle al concepto vulgar
de Cuba Nación y Estado, con o sin democracia, excluyéndole de
mi mundo. Y es entonces cuando digo que quizás no salvaré a
Cuba, aunque sostengo que salvaré a mi patria.

Porque patria para mí no es el lugar en donde nací yo ni en
donde nacieron mis padres, ni es una pared en donde de un clavo

11

colgar y descolgar democracias. Mi patria no es donde la "Calle Paula" ni tampoco en donde la bandera bonita de las cinco franjas, que tanto saludé diciéndole improperios como el de "seremos como el Ché". Mi patria no es en donde la de Byrne ondea, cada vez más rodeada de otras telas coloreadas, y sin embargo también cada vez solitaria, abandonada. Mi patria no es tampoco la hija limitada, y a lo mejor también bastarda, del geosinclinal. Mi patria es todo aquello que dejé atrás hace años y que ya no existe, y lo que un poco de mundo y de ensueño se vuelven y revuelven siempre dentro de mí y sólo dentro de mí.

Mi patria es eso único a lo que yo llamo Cuba y luego, tal vez también algo de aquello a lo que otros llaman su patria y Cuba, y por eso nunca dejaré de quererla ni de hacer por, incluso si es necesario también de mí, liberarla.

La Cuba Platónica

Viendo, la temporada ciclónica que se avecina, otra vez, y las pestes que en su condición de isla particularmente le azotan, siento yo, y ojalá coincida conmigo quien me lee; ya que en esto radica el que el mito continúe siendo un mito, que Cuba cada vez recuerda más a la Atlantis de Platón.

Cuba isla y aislada, ideal e idea, corrompida, inteligente, egoísta, poblada, bermeja y sin embargo no más que un pedazo de piedra flotante, endeble a merced de fuerzas siempre superiores, maternas e implacables. Cuba es también la Atlantis que describió Platón, la que tantos buscan e infructuosamente han buscado en el fondo del mar.

Si la Atlantis de los diálogos existió materialmente o no, no es lo que más peso a mi entender tiene, en la historia larga de su búsqueda, sino el que los Griegos en su tiempo pensaran en la Atenas de entonces, y el que hoy los cubanos veamos en ella a la Cuba que se nos fue de las manos.

Yo no creo que Cuba esté hundida, porque creo en que siempre puede ser peor, tampoco creo que su hundimiento sea lo peor. La muerte, que aquí significa hundimiento, cuando digna, es también un derecho y la eutanasia un tema discutido, y una discusión que vale la pena echar. Por otro lado una definición de hundimiento depende de otra de flotación, y esta última a su vez de aquella primera definición de hundimiento, y de ahí el lazo a Platón. Cuba se le irá hundiendo o se le irá flotando a cada cual, en su irrepetible soledad pública, a su tiempo.

Y entiendo perfectamente a los que Cuba ya se les hundió, a los que ya hundieron su Cuba, porque hay una parte de mi Cuba que a mí también se me hundió, porque hay una parte de mi Cuba que también yo hundí, porque hay una parte de mi Cuba que

13

también a mí se me fue, a la que también yo me le fui, que sé que no regresa, a la que sé que ya no le regreso.

Pero hay otra que no, no la Cuba Platónica: esa que sigo extrañando, soñando, esperando, esa a la que le seguiré dando boca-a-boca aunque ni siquiera me devuelva un latido, aunque me digan loco, fanático, fundamentalista y hasta come mierda.

La Patria no es la Revolución

Como ardes Cuba en mi piel cuando te llaman revolución, dictadura y desastre. Cuando tu pasado es servido al antojo del cocinero y en detrimento del comensal. Una revolución es un acto tan extremo, tan extremo que sólo circunstancias extremas pueden parirle.

A la revolución de los 50 en Cuba la parieron el golpe de estado que dio Batista, el marinero que orinó a Martí, Carlos Prío Socarras, los que no dejaban entrar al negro Fulgencio al Country Club de Cubanacán, Ramón Grau San Martín, los que volaron al Maine y años más tarde La Coubre, los que ametrallaron al pueblo que pretendió sepultar a Mella el 29 de septiembre del 1933, los responsables de que existiesen el barrio de las Yaguas y La Isla del Polvo en el Pogolotti en el que mis tíos limpiaron muchas botas, Estrada Palma y los que firmaron a espaldas del pueblo mambí el Tratado de París de 1898 etc. etc. etc.

A la dictadura de hoy en Cuba, la parió la extrema historia de Cuba, y nosotros todos: que tendemos en los extremos más aislados a pecar de fundamentalistas, lo mismo a derecha que a izquierda.

Cuba jamás ha tenido un gobierno que en verdad le respete, ni tampoco un pueblo que de verdad haya tenido la posibilidad de darse a respetar sin que esto le costase la libertad, la dignidad o la vida. Y el que diga lo contrario está aventurando a la Cuba que supongo todos tanto amamos, y es tan culpable de lo que hoy sucede en Cuba como los mismos Castro, el fantasma de Batista, los que tiraron huevos desde Camarioca hasta la embajada del Perú y que hoy se llaman exiliados, y la mal llamada "Guerra Fría".

Porque si no comprendemos las raíces del mal que hoy nos apoca nuestra alma cubana, mañana, el día que la dictadura de los Castro finalmente desaparezca, vendrá otro corrupto e incompetente a malversar lo que no es de nadie, más que de nosotros todos los cubanos. Y entonces el pueblo una vez más sufrirá, y luego el pueblo protestará, y luego habrá dictadura, y luego revolución, y así sucesivamente hasta que a Cuba se la trague finalmente el Mar Caribe.

Antes de la revolución ya teníamos a Lezama, Lam, a Heredia, al General Lee, Adechina, tabaco, ron y azúcar. Por esas razones y más razones históricas pienso que efectivamente la Patria no es la Revolución, sino la Revolución algo que ocurrió en la Patria, algo tan brutal, entiéndase abarcador, que sin dudas ha definido el curso de la Patria.

Esta, la democratización de la Patria aunque ni Patria ni Democracia signifiquen lo mismo para todos, es sin embargo una lucha de todos, al menos por la parte que compartimos de aquellos conceptos. Esta es una lucha que puede acabar mañana, sí, pero que también puede prolongarse durante 50 años más. Y qué son cien años en la historia de la humanidad: nada, y sin embargo todo, en la corta vida de un pequeño ser humano. Tenemos prisa hermanos.

El fin del túnel

A veces, como cuando supe lo del fallecimiento de Laura Pollán, sencillamente, no veo el fin del túnel, al menos no la luz que dicen al final existe. Y pienso primeramente en dos cosas: en que me queda mucho por vivir, y luego en que lo mucho que me queda por vivir es en este infierno en las afueras de la libertad, del decoro, de la vergüenza y de mi patria Cuba.

Después, sin que estrictamente el después venga luego de lo primero, pienso que al final del túnel no hay luz, y que el fin puede ser ahora mismo, y que nadie puede jurar la longitud de la vida. Entonces me apuro, me angustio, y me da por tirarme a nado rumbo a Cuba, y darle bien duro en la cara a aquellos que hoy aún la vejan.

A veces me siento atrapado en los años eternos, en los futuros de los que aún no han nacido; resumido en un capítulo corto que se hace largo después de almuerzo, en una secundaria básica. Y a veces no quiero ser el personaje histórico que soy, al menos no el de esta historia de Cuba. Pido como si los personajes pudiesen existir sin las historias que inevitablemente los paren históricos, como si las historias pudiesen existir sin los personajes que les hacen memorables.

El Plan

A los amigos del Marianao de siempre.

Lo más asombroso, no sé si a ustedes les suceda lo mismo, es que como no nos vimos crecer, aunque sepamos que todos tenemos hijos etcétera, se ha quedado como el sentimiento fijo allá donde dejamos de vernos.

"Lo más jodido es que esos niños nuestros a ambas orillas del barrio, ya se perdieron lo mucho que siempre nos hemos querido, y nosotros la oportunidad de compartirlos como buenos tíos. ¿Verdad? Este, definitivamente nunca fue el plan."

Escribí con peor sintaxis al pie de un retrato, en el que un gran amigo-hermano figuraba, medio solo, con los hijos que bien pudieron haber sido mis sobrinos. Porque tío no es el deudo de quien los engendra, sino el que habiendo estado y estando siempre cerca, también los cría.

¿Pero entonces cuál era el plan?

Comencemos por decir que nuestro plan, al menos el plan de la generación del Dragón de madera y fuego (1964-1976), ese que se consume a sí mismo, fue construido sobre bases de la eternidad jurada del Socialismo en el que crecimos, y ya esto, en un mundo en el que cada vez mejor reconocimos sus límites, es un lío de imprecisos.

¿Cómo poder definir a un plan sin contexto, cuando es este último el que da sentido al primero?

No es entonces extraño que nos cueste especificar cuál era el famoso plan, ni si en realidad teníamos el plan que sentimos perdido, lograble o doliéndonos, el plan del que otros hablan. No es extraño que nos cueste precisar si éramos parte del plan, o todo el plan de alguien, o de algunos que arrastrados entre sí fueron víctimas, de ni ellos mismos saben a ciencias cierta de qué. No es infundada por eso tampoco la soledad pública que hoy todos padecemos, en un mundo en el que normalmente nadie debería verse obligado a reflexionar sobre su plan.

El Plan como la vida nos consta porque sabemos que tendremos que devolverle, porque se la hemos visto devolver a otros. Hoy reflexionamos nosotros de esta manera sobre el plan, porque seguimos indiscutiblemente envejeciendo, y porque las fechas y los derroteros cada vez se corresponden menos, y entonces porque todos los días, con alteradísima conciencia, ajustamos nuestro viaje mental, el itinerario a donde llegamos y llegamos y llegamos. Hemos visto a muchos dejar ya el timón, por eso, porque hemos visto lo que normalmente no deberíamos estar viendo, sino viviendo.

La historia.

Yo creo que el plan era el de que bajo ningunas circunstancias nos dejaríamos de encontrar cada noche, para tomar el té y escuchar Rock&Roll en alguna casa del barrio, no sé, que nuestros hijos serían amigos, tan amigos como nosotros sus padres siempre lo fuimos, y nos empeñamos en seguirlo siendo. ¿Recuerdas eso de que los buenos vecinos eran unos "chismosos", que siempre les decían a tus padres?

Más o menos creo que ese era el plan, el decirle a los padres de alguien. Viajar y regresar al barrio, a casa, y contarles a los amigos que también habías visto las cataratas del Niagara. Nunca quise que fuésemos Heredia ni Byrne, aunque ahora que puedo ver el plan me doy cuenta de que era eso lo que entonces, en las clases de historia de Cuba, nos estaban diciendo que hoy estaríamos viviendo.

Exactamente a eso me referí cuando comenté el "retrato de familia" al que hago referencia al inicio de este texto: a que ya se jodió y que no regresa, a que la pausa que hemos tomado ha sido fatal. Me referí a que soy para mis sobrinos y para mí mismo la voz en el auricular, y el de la foto, muy jodido y real, el personaje místico del que los mayores hablan a cada rato. Soy aquel amigo de mis padres que no conocía muy bien, y al que sin embargo había que respetar.

¿Cubanos camino a Damasco?

Que religiosa se ha vuelto la gente fuera de Cuba: Dios por aquí, Dios por allá, gracias a Dios, le agradezco a Dios esto y a Dios lo otro... Hm... ¿Será que Dios es sustituto de "Lo que controlo o creía controlar", o de "Lo perdido"? ¿Será que no se puede vivir sin una Espada de Damocles pendiendo sobre nuestras cabezas, o es que de verdad al otro lado de la patria, de pronto, existe Dios?

II

Carta abierta a un padre en el exilio

Mi padre, yo creo que nosotros, la generación nacida en Cuba a
finales de los 60s y principios de los 70s, en su gran mayoría sí
tuvimos una niñez feliz en Cuba. Que fuimos tan felices como los
niños pueden serlo en una familia en la que el padre le es infiel a
la madre, pero sólo en horas de trabajo. Tan felices como los
niños pueden serlo en una familia en donde el padre golpea a la
madre, pero jamás en el rostro y solamente allí, en la lejana
alcoba cuyo acceso les es vedado a los infantes.

El 25 de mayo de 1972, a sólo cuatro días de mi tercer
aniversario, mientras mí pequeño estómago se llenaba de
mariposas de ansiedad y alegría, pensando en las croqueticas que
me haría mi abuela Julia, y en las botellas de coca cola, y en los
globos amarillos; en la cárcel del Castillo del Príncipe, Pedro Luis
Boitel moría en huelga de hambre, pero yo no lo supe entonces,
nosotros entonces no lo supimos. No teníamos hambre, el Diablo
estaba bien localizado, no vivía en Cuba sino a noventa millas y
siempre de noche.

Nuestros padres nos llevaban al zoológico de 26 o a una casa en
Guanabo, luego al final del curso, verano. Círculo social obrero,

playas de Marianao, Náutico, Santa María, Tarará y juguetes del Dieskimir. Izar la bandera y decir que viva la patria libre y soberana. Éramos felices por deducción: si los mismos padres que me llevan al zoológico de 26 a montar el trencito, la estrella del Parque Lenin, la montaña rusa de Jalisco Park y del Coney Island, me dicen que ser como el Che es un honor y que el Diablo vive a 90 millas, pues tiene que ser verdad. Incluso a los 15 años, un grupo de cuatro amigos, de los cuales el menor sólo tenía 12 años y el mayor 17, nos fuimos solitos, desde la Habana, los cuatro a escalar el Pico Turquino. Y lo logramos después de una noche literalmente de rayos en la manigua oriental. Recuerdo a Beló, el abuelo de mi querida amiga La China, que nos fue a despedir a la estación de trenes de La Habana Vieja. Como si fuera hoy lo recuerdo.

El problema nuestro, el de La China y el mío, y de otros tantos que crecimos en el mismo reparto Buen Retiro, y que compartimos la escuela desde la primaria y hasta la juventud temprana, comenzó en la adolescencia, como suele sucederle a todos, pero con la particularidad de que empezamos a darnos cuenta, a sentir que algo estaba muy mal, y que aun derribando a nuestros padres, no conseguiríamos lo que persiguiésemos, si era genuino. Que las negativas de los padres y sus temores no nacían en ellos, que ellos no encontraban argumentos para decirnos tantos "no se puede".

Comenzamos a sentir y a descifrar el miedo de nuestros adultos, para luego comenzar a sentir el propio. Mi querida amiga y yo estudiamos el bachillerato en la Escuela Militar Camilo Cienfuegos. A unos nos llegó el despertar más sutilmente que a otros, pero fue como Matrix: una vez que te tomes la píldora del color "equivocado" ya no hay marcha atrás, y el mundo se te derrumba y tú con el mundo.

Y se empezaron a ir los amigos del país, y tuvimos que desprendernos de los primerísimos amores, y nos fuimos quedando solos en las ruinas de un mundo derrumbado. Todo el tiempo perseguidos por los pulpos mecánicos guardianes de la Matrix y rodeados de agentes. Lo sé porque no fui de los primeros en irse. Por eso aún digo hospital cada vez que quiero decir aeropuerto y viceversa. Esto último no fue una metáfora, ni una parábola ni un símil, sino la pura y cruda verdad. Yo estoy traumatizado.

Ya sabía que Santa Claus no existía, pero tampoco el Anti-Santa Claus en el que creímos cuando juntos llevábamos flores a Camilo existe. Sólo el amor a La China y a los demás amigos, que son como los lugares de la niñez existen. Ellos son nuestra niñez y nosotros la niñez de ellos. Por eso sin embargo seguimos sintiendo añoranza, aunque ahora sabemos que todo fue una farsa, montada por aquellos demonios para desangrarnos. Como la Bruja de Hazel y Greta.

Y ya es muy tarde mi padre, por eso sentimos La China y yo, y quizás también los otros, profunda tristeza, cuando vemos las piscinas en donde aprendimos a nadar llenas ahora de escombros, porque en ellas fuimos inocentemente muy felices, pero felices, a pesar.

Marianao, amenazas de arrepentimiento

La Habana – Granma, Cuba, 23.07.1985.
Año del III Congreso del Partido Comunista de Cuba

Mi hermano Ale y yo despertamos hoy a las cuatro y diecinueve de la mañana, en el Marianao de siempre. Inseguros de si sí o si no comenzábamos a vestirnos. Mami despertó más tarde, aún inconforme con nuestro viaje al Pico Turquino. El Pico Turquino, en la provincia Granma, está a 736 km de la Ciudad de la Habana.

Salimos de casa con caritas de no me veas mami, yo con la sensación de haber olvidado algo, y entonces regresé. Ale siguió camino a casa de Chong, mientras yo de regreso en casa buscaba mi jarro evitando, evitando coincidir con la mirada de mami. En su cara vi, o creo que vi, porque ni la miré al mirarla, que estaba a punto de arrepentirse de habernos dado permiso para viajar, y fue mejor salir corriendo de allí antes de que cambiara de opinión.

En casa de Chong nos reunimos él, Ale, Eric y yo. Allí nos despidieron la madre de Chong y su abuelita. Olimpita dormía y la llamada de mi madre no entró, al menos no antes de que nos fuésemos a tomar la guagua rumbo a la estación de trenes. Chong es el mayor del grupo con sus 17 años, cumplidos hace hoy exactamente un mes, y Ale mi hermano, es el menor. Ale cumplirá 13 años exactamente dentro de un mes, es decir, el próximo 23 de agosto. ¡Qué coincidencia, no! Eric y yo, ambos tenemos 15 años. Eric es hermanastro de Chong, y de Olimpita.

La guagua, como le llamamos en Cuba al ómnibus, llegó pronto. Era la ruta 43 y nos subimos. Ale y yo comenzábamos a ponernos espacialmente a salvo del arrepentimiento de nuestra madre. Llegamos sin líos a la terminal de trenes. El tren, tétrico. Todo el tiempo estuve, cuidadosamente, alegrándome de que Ale y yo pronto habríamos escapado del arrepentimiento de nuestra madre, quizás, siempre quizás. Me comía el nerviosismo. Ale tranquilo, y yo molesto con su tranquilidad, le ladré un par de veces. Aquella cosa vieja, de hierro, guata y tablas, que no respiraba ni me dejaba respirar no acababa de empezar a rodar. Me tenía al límite cuando de la nada llegaron el padre y el abuelo de Chong a la estación. Temí que llegaran con las orientaciones de regresarnos a casa, pero por suerte no fue así. Ellos dos, Carrillo el abuelo y Chong el padre, venían a despedirse y a desearnos suerte. Y nos despidieron y nos desearon suerte, y como que empujaron el tren, porque apenas nos dijeron un par de cosas comenzamos a rodar y yo a llorar. Ale y yo, nos habíamos hecho hombres, nos le habíamos escapado a la Habana, a mami, a la niñez.

La Mulata que me parió

Nací en el "Año del Esfuerzo Decisivo", que fue como los comunistas en Cuba, mi Patria, llamaron al año 1969. Allí me enseñaron, y crecí escuchando y aprendí que la verdadera Madre era la Patria mía y de la mulata, que a sus veintiún años me parió.

Y en mi Adolescencia-Friki la analogía de: "si prefieres el rock, prefieres también el inglés, que es el idioma del enemigo, y si prefieres al idioma del enemigo también lo haces al enemigo, y entonces no a tu Patria ni a la mulata que te parió, y por ende no mereces a ninguna de las dos", se hizo ley y fundamento de mi sentencia, de la sentencia que me exilió: Gusano, portador del virus del Diversionismo Ideológico.

Y salí de Cuba diciendo:

Tendrás mis relatos
lugar tan loco.
Oh mi querida isla
sangre de mi carne
tendré que dejarte
aunque me duela todo.
Podrás pesar las cosas de mi niñez
hablarás de estos días infelices
y dirás tal vez que debiste matarme

mientras que cariñosamente
yo te convierta en recuerdo.
Oh hueco de bordes distantes…
…no moriré contigo.

Hoy día de las madres me pregunto si con aquellas letras nos
habré sentenciado a morir al uno sin el otro, pues por el camino
que va la Cuba que en el sesentainueve hizo su esfuerzo decisivo,
y por lo que me enseñaron a amarla y a pelearla, y entonces
merecer Patria y Madre, no me queda otra que sacrificar a la
mulata que me parió.

Carta de un padre, miembro de la Brigada 2506

Editada por Julio César Soler Baró, a solicitud
explícita de su autor, un padre en el Exilio.

A mi hijo:

Ayer, mientras me disponía a salir de casa, transcurridos 50 años
del desembarco por Bahía de Cochinos, me preguntó mi hijo –
"Viejo", qué aprendiste de aquella experiencia – Y confieso te
respondí luego. Pero en caso de que no hayas escuchado mi
respuesta entonces, hijo, esta es mi respuesta para ti.

Aprendí que mi coraje no alcanza a ser una fracción de lo que fue el de Sergio Miyares, un compañero de la escuela, quien sosteniendo en sus brazos una ametralladora calibre 30 disparaba parado en medio de la carretera, mientras cientos de milicianos avanzaban disparándole, o el de Rolando Pérez con su bazuca gritándole a los tanques: cobardes acérquense, mientras les estremecía con sus misiles, o el de Rigoberto Varona, quien al darse cuenta de que se me habían acabado las municiones y que yo estaba atrapado, regresó para salvarme, contra todo pronóstico, mientras las balas llovían alrededor de nosotros, o el de cientos de ejemplos similares que podría contarte.

Aprendí que no sé si tengo la increíble integridad de Waldo Castroverde y de otros siete miembros de la Brigada 2506, quienes luego de haber sido temporalmente liberados de prisión, para negociar en los Estados Unidos un intercambio de prisioneros, regresaron voluntariamente a prisión para reunirse con sus hermanos, y cumplir una sentencia de 30 años en condiciones infrahumanas. Aprendí que no tenía, ni cercanamente, la madurez de muchos de mis contemporáneos. Carlos Onneti, o Carlos de Varona, otro compañero de clases, que ya siendo prisioneros confrontaron cara a cara a Fidel Castro en materia de política y moral en la televisión nacional. Aprendí la alegría de dar cuando no tienes casi nada o nada que dar, y por definición sin esperarte nada a cambio, y como este sentimiento llenaba cada segundo en prisión. Pude conocer y admirar a hombres inmensamente sabios y honorables, de razas, economías y de ascendencias sociales y creencias religiosas disímiles.

Yo aprendí, con grandes dificultades en un inicio, a respetar el sacrificio de aquellos que en el bando opuesto creyeron, que ellos también ofrendaban sus vidas en defensa de su patria. Pero sobre todas las cosas, he pasado toda mi vida lamentando que nuestra patria no haya tenido la oportunidad, de ser guiada por esos increíbles hombres que todavía hoy, después de medio siglo; lo cual me honra y me hace sentir dichoso, me llaman hermano.

Te amo hijo mío.

Playa Girón, La víspera. Relato de un paracaidista

La anécdota a continuación llegó a mí por cortesía de su narrador.

La mayoría de los miembros de la Brigada 2506 ya habían sido transferidos de la Base Trax en las montañas de Guatemala, al puerto donde tomarían los barcos que los llevarían a Playa Girón. Sólo quedaba el batallón de paracaidistas, compuesto de unos ciento y pico de hombres. Nos volaron esa noche de la base aérea de Retalhuleu a otra base aérea en Blue Fields, Nicaragua. Allí en la pista nos explicaron brevemente el concepto de la operación y lo que era requerido de cada grupo. Y los nombres militares de los lugares dónde íbamos a saltar. Uno de mis compañeros, pescador de la zona, me dijo en voz baja: "eso es la Ciénaga de Zapata y vamos a saltar cerca del Central Australia".

Enseguida, el jefe del batallón, Alejandro del Valle, dispersó el grupo pero pidió "al siguiente personal que se mantuviera en sus puestos". Oí mi nombre, y el de varios compañeros del colegio. En total éramos diecinueve.

- "Ustedes han sido escogidos para una misión la cuál es esencial para el éxito de esta operación. Si esta misión no se lleva a cabo, la operación completa está destinada al fracaso. Debo señalar que probablemente ninguno de ustedes sobreviva. Por lo tanto, antes de comenzar a explicarles el plan, si alguno no está dispuesto a participar, puede retirarse sin deshonra ante mis ojos".

No me sorprendió que nadie se retirara. Conocía a Carlitos, a Bernardo y a Manuel desde primer grado. Algunos de los otros habían probado su valentía en la Sierra Maestra luchando de ambos bandos. Lo que me lució bien curioso es que parecíamos un espectro de la población cubana, desde el más blanco hasta el más negro, desde un hacendado hasta un guajiro bien pobre, desde muchachos todavía en el bachillerato hasta "viejos" de cuarenta, desde un teniente del ejército de Batista hasta uno del ejército Rebelde. Todos plenamente conscientes de lo que íbamos a hacer.

Por eso me reiría, si no fuera por los muertos durante más de medio siglo, cuando oigo a Raúl Castro decir en Panamá que éramos unos bandidos. O cuándo alguien todavía se refiere a nosotros como mercenarios. Los que han creado tales mentiras y los que se las han creído, debían haber estado allí, en Nicaragua, en ese momento, en ese grupo de cubanos tan disímil, que lo único que tenían en común era saber, que morir por la patria es vivir.

La razón por la que estamos vivos, excepto dos que murieron en combate, fue que la salida nos fue retrasada por una serie de errores que algún día discutiremos. Cuando llegamos a nuestro punto de salto, ya la carretera y el puente estaban cubiertos de soldados. Con antiaéreas atacaron a nuestro avión, que nos tiró en la ciénaga, no junto al otro grupo detrás de nosotros. Pero no pienses en estructuras grandes cuandio digo puente. Son esas conexiones en la carretera que pasan sobre arroyos o terrenos, dónde no se puede construir carretera. Pero en la ciénaga, si destruyes eso, paras todos los vehículos, pues los lados son puro pantano.

La semana pasada me reuní con alguien que estuvo al lado de Castro durante todos esos días. Al mediodía del 17 lo llamó el Gallego Fernández desde el frente. Y Castro le preguntó: ¿Lograron los mercenarios volar el puente?- Cuándo Fernández le dijo que no, Castro le dijo: perdieron.

Bahía de Cochinos: El día en que por poco no nazco

La historia de Cuba es la historia de Cuba, y qué historia la de Cuba. A los 16 de abril, día del cumpleaños de mi papá, podría yo llamarlos "El día en que por poco no nazco". Porque ese día del año 1961 mi padre estaba de cumpleaños, cumpliendo 15 años, y ya como miembro de las DAAFAR, esto quiere decir Defensa Antiaérea de las Fuerzas Armadas Revolucionarias, estaba ubicado en el Aeropuerto Militar de Ciudad Libertad. Exactamente entonces cuando los bombardeos preliminares al desembarco por Bahía de Cochinos comenzaron.

El Aeropuerto Militar de Ciudad Libertad fue uno de los blancos y de haber estado allí él, mi futuro padre, tal vez hubiese dado su vida por lo mismo que quienes bombardeaban corrieron el riesgo de hacerlo: por una Cuba Libre. Mi padre me cuenta que por suerte lo cogió el bombardeo de pase, que recuerda el sonido de las explosiones pues vivía relativamente cerca de la base, pero no si cumplía 14 o 15 al día siguiente. También mi padre me habló de la Base Granma, creo que en Pinar del Río, y de un destacamento de bazucas antitanques chinas. El desembarco fracasó y años después nací yo.

Siguieron pasando los años, no tantos años, y mi padre se hizo técnico de aviación, y luego piloto de helicópteros de desembarco

32

y ataque, y estuvo en todas las guerras de África en las que al gobierno Castrista se le antojó desembarcar a sus soldados.

Un buen día, un día antes de mi cumpleaños, jovenzuelo yo, Rafael del Pino, el piloto héroe de Girón, agarró un avión y se largó al territorio de sus antiguos enemigos. Por aquel entonces ya yo no estaba bien con el castrismo, me gustaba el rock y no la salsa. Bailar salsa era para mí bailar con el enemigo. Yo era lo que se llamaba un "Friki", o como me dijeron años antes en la secundaria básica José Antonio Echeverría, delante de todo el alumnado, mientras un profesor me descocía el uniforme, y me despeinaba: "El ejemplo de lo que NO era un pionero revolucionario".

Y a propósito, volviendo a lo de la fuga de del Pino, le pregunté en seria jarana a mi papá, el por qué no hacíamos lo mismo y nos llevábamos un avión de la base, de Ciudad Libertad, en donde él ya con muchas estrellas sobre los hombros llevaba más de 20 años trabajando. Y mi papá, de pocas palabras revolucionarias me preguntó súper serio si alguna vez él me había hablado de política, a lo que tuve que responderle la verdad: jamás. Contesta mía que éste replicó agregando: pues no me hables tampoco a mí de política, yo soy un militar y cumplo órdenes. Aquello me dejó frío y nunca más hemos tocado esa conversación.

A penas regresó de Angola en el 1989, con todas las medallas posibles, incluso la Medalla del Valor de la República de Cuba, mi padre fue retirado de la vida militar, a los 43 años, por alguna razón que jamás le he preguntado cuál fue. Hoy mi padre está en Cuba, enfermo y sin privilegios mayores, porque fue un gran guerrero, pero jamás una vaca sagrada del castrismo.

Y mientras tanto yo aquí, en el exilio, hace un montón de años que rezo porque pueda volver a verle, en vida, porque la llamada de hoy, día del aniversario en que por poco no nazco, no sea la última.

Mi padre no era cristiano

Mi padre no era cristiano, y es necesario cuidar la sintaxis para hacerla leíble. Mi padre fue un guerrero del Castro-Imperio, del mismo imperio que ayer obligó a mis hermanos menores a sepultarle en mi ausencia, a los amigos de la infancia-juventud temprana a ocupar mi lugar en el cortejo, a mi hermano menor-primero a ser el mayor de los hermanos otra vez. Mi padre fue uno de esos guerreros que por suerte ese día, por estar de cumpleaños, no defendió el aeropuerto de Ciudad Libertad, cuando mi otro padre, el del Exilio, intentó tomarle. Mi padre fue uno de esos padres, que como mi tío dejó huérfano a mi primo, pudo a sus 27 años dejarme huérfano a mis cuatro, siguiendo aquella orden-consigna revolucionaria de: "Si no puedes salvar la técnica muere con ella".

Mi tío Rodolfo Baró Thondike murió a los 27 años en Baracóa, a metros de la playa intentando maniobrar un MI6 viejo e inmaniobrable.

Mi padre fue uno de esos milicianos, a los que el soldado de la 2506 finalmente consiguió entender y hasta admirar, respetar. Mi padre, mi padre, mi padre fue uno de esos padres que desde el aire, encaramado en sus MI 24 y 25 de Tropas de Operaciones Especiales, rompiendo cercos entre Cangamba, Cuito y Cuanabale, afincó los cercos que le hicieron perderse el ver crecer a sus hijos. Mi padre fue uno de esos padres que al terminar la Guerra de Angola recibió dos cosas: La Medalla del Valor, Orden Calixto García, y un piyamas. Mi padre fue uno de esos padres a los que los hijos nos perdimos, siendo una de las letras marcadas del exilio.

Cuando siendo yo aún un jovencito friki de los de Marianao el General del Pino se llevó aquella cosa volante a los Estados Unidos de na., le dije yo a mi padre, también comandante de la DAAFAR, en seria broma:

- ¿Papi, por qué no nos llevamos uno de tus helicópteros y nos largamos?

Entonces mi padre, tranquilo, haciéndose uno con el butacón de la sala, mirando cauteloso hacia los lados, quizás evadiendo los micrófonos del G2, me preguntó:

– ¿Julito, yo te he hablado alguna vez de política, te he dado algún sermón alguna vez?

– No papi– respondí entendiendo que me hablaba en serio.
– Entonces no me hables nunca más de política, esas son cosas de tu mamá. Yo soy un militar y cumplo órdenes.– me dijo.

Mi padre no era Cristiano, siempre creyó en el Materialismo Dialéctico a pesar de mi abuela, ni Revolucionario, porque no daba sermones en casa, pero sí fue un Guerrero, ya hace unas horas sembrado, en el Panteón de las Fuerzas Armadas Revolucionarias de la Necrópolis de Colón, en mi Habana, en mi ausencia.

Mi padre no era, no fue mi padre, es mi padre y por él, a pesar de que no fuera cristiano, pido bajo el signo de la cruz, al Nazareno que permita entrar en el reino de su Padre al mío, en el Reino de los Cielos que en vida vivió mi padre el Guerrero, Coronel Julio César Soler Smith, papi, mi papá.

Mi amiga, la UJC y Bruce Lee

Creo que el título de este cuento será al final más extenso que la anécdota, pero, por muy increíble que parezca, esto, le sucedió a una amiga.

Corrían los años, los 80s en Cuba, época en la que a unos se les llamaba escorias, a otros gusanos, a ciertos mariposas, a otros comecandelas, y a otros, a otros otras cosas: generación del 2000, pinos nuevos, pepiguapos, guapos, rufas, verdes, frikis frikis y friki de palo etc. Vivíamos entonces en una sociedad de sellos, de broches y de etiquetas. No hay que olvidar a los llamados pepillos, ni tampoco a los famosos "recomendados" a la Unión de Jóvenes Comunistas, UJC.

La cosa es que en aquella zona gris-olivo ruidosa, de "Seremos como el Che" y nerviosa, nosotros los adolescentes de entonces teníamos, a punto de terminar la enseñanza media superior, es decir la secundaria básica, unos pocos sellos, broches, cartas con las que jugar, juzgar, ser juzgados, apostados, con las que apostar a uno u otro futuro.

Yo, por ejemplo, enamorado y bien correspondido por la amiga protagonista en esta historia, me gané, además del sello de friki friki con diversionismo ideológico: el de racista, con su correspondiente acto de repudio y todo, parado, perplejo, triste, apenado, arrinconado yo en un banco de una escuela al campo a los 13 años, sin entender además, nada. Y todo porque cortésmente no acepté la propuesta amorosa de una mulatica bonita de entonces. Y es que como contaba estaba yo enamorado y era bien correspondido por mi amiga la protagonista, quien era, aun es una china cubana preciosa y de tez blanca, blanca a lo cubano, tengo que acotar desde Suecia, con un pelo largo y negro que me encantaba.

Pero bueno, al asunto: la cosa es que mi amiga se postuló para pertenecer a las filas de la UJC, sello necesario, identificativo, distintivo en el que no sólo ella creyó entonces. Habíamos sido, en aquella sociedad-embudo envaselinados, para que canal abajo magullados y sin remedio todos fuésemos a dar con el mismo resultado: UJC igual a comunista igual a futuro, y fuera de eso, el abismo y los actos de repudio.

Terrible. Asambleas de méritos y deméritos, críticas y sobre todo mucha autocritica, autoflagelación al estilo Jesuita o Shiitas: demostrad cuánto eres capaz de apabullar y de apabullarte a ti mismo, para que a aquellos, a esos que deberían apabullarte a ti no les quede más remedio que pasarte la mano, y "recomendarte" para formar parte de las filas de "La Juventud", de la comunista, de la UJC.

"El Señor de las Moscas", niños mataperreando en una isla y en aquella vorágine, mi amiga la bonita asiática del pelo largo y yo. Pero fue a ella, a ella a quien le llegó el turno en el que como todos comenzó a maltratarse, en aras de que le pasaran la mano, en aras de un futuro dentro de aquel rebaño gris-olivo con pespuntes rojos. Y ya, ya ella casi tenía ganada la pelea, el carnet, la firma, el sello pero:

- ¡Maldito Bruce Lee!

Ella, mi amiga, había sido vista, por la hija de una maestra, vistiendo un pullover con la imagen de Bruce Lee y bastó, bastó con las tres rayas en la cara asiática del Bruce, que bien podría haber sido la cara asiática de un tío de mi amiga arañado por un gato barrio, para que como por efecto de la "Patada del Dragón", aquella hija de la maestra, cuyo nombre bien recuerdo y no repetiré, pusiera a mi amiga en camino a otro futuro, porque recomendada mi amiga, esa china-cubana, por cuenta del Bruce, no fue.

Entre Jagüey Grande y Marianao

Circunstancias dadas:

Cuba, entre Jagüey Grande y Marianao.149 aniversario del Apóstol. Corría el "Período Especial en Tiempo de Paz", las escuelas al campo dejaron de enviar a los alumnos a casa todos los fines de semana, para hacerlo cada 11 días. Yo debía viajar a mi casa en Marianao y de regreso, entonces por mis propios medios, y con la gracia de los llamados "Amarillos", también cada

11 días. Era el profe de teatro obligado en un IPUEC ubicado en el centro citrícola de Jagüey Grande. Recuerdo que un día hice la travesía por carretera Matanzas-Habana, desde el entronque Jagüey-Girón en un camión de volteo, encima de una loma recebo, y que cuando llegué a la Habana todo yo era de camuflaje. Pero bueno, a lo del 149 aniversario del Apóstol.

Presentación de los personajes y de la trama:

Un 28 de enero del 1992, durante mi deportación a la Brigada 20 Aniversario de Girón, en Jagüey Grande, Matanzas, Cuba, en donde fui obligado a cumplir "servicio social" como "Promotor Cultural"; otro de los títulos inventados por la tiranía para no reconocer nuestras verdaderas vocaciones, quitándose de paso de encima a los incómodos como yo, se me ocurrió montar una obra de teatro con los textos del Apóstol, recogidos en su cuaderno de apuntes. Ese tomo 21 de sus obras completas hoy desaparecido de todas las bibliotecas de la isla, a no ser que visites una de las independientes.

Se me exigía montar un espectáculo de teatro cada 11 días, aquello era terrible. Habíamos trabajado en este espectáculo mucho y muy muy rápido, ensayando incluso de madrugada. Y durante la noche del 27 de enero, mientras todos dormían, mis alumnos y yo en una onda comando pegamos carteles, noticas mecanografiadas con los textos martianos por toda la escuela, incluso en baños y dormitorios. Estábamos seguros de que nos premiarían con unos dulces o algo. El hambre era potente por aquellos lares. Mis alumnos, casi de mi misma edad, estaban súper orgullosos del "Promo", que era como ellos me llamaban. Y yo casi lloro ahora escribiendo esta historia real de la Cuba que yo conocí.

El clímax o el lío:

Pero cuál no sería mi sorpresa, cuando apenas amaneciendo se me ordenó presentarme inmediatamente para reunión extraordinaria, con el partido y la dirección de aquel centro escolar, en donde me habían albergado. Reunión ésta bajo acusaciones de contrarrevolución, perversionismo y diversionismo ideológico. Yo de verdad que no entendía nada. Imagínense, yo que creía que había rescatado al Apóstol, porque a decir verdad conocí de esos textos y al "Idiota" de Dostoievski en la biblioteca de este, mi primer centro de trabajo.

Pues nada, se me presentan los cargos, todo el mundo en la oficina de Sara, la directora, cual pelotón de fusilamiento con los textos mecanografiados por mí en sus manos.

Primera frase: ¿cómo se te ocurre llenar nuestra escuela con esta propaganda?
Mi respuesta-pregunta: ¿cuál propaganda?

Segunda frase: ustedes los habaneros son todos unos
cínicos... ¡Esta propaganda!- me dijeron como en coro
agitando el mazo de notas.
Mi réplica: yo no escribí esos textos, son textos Martianos.
Tercera frase: ¿y Martí escribió eso, cuándo, dónde?
¡Propaganda del enemigo!

Mi acción:

 Habiéndome ellos violentado al sacarme abruptamente del
ensayo matutinísimo del espectáculo, llevaba el cuaderno de
apuntes todavía entonces en mis manos, y extendiéndoselos les
dije:

   -   Aquí están los originales.

Desenlace:

Se miraron, leyeron, se volvieron a mirar, sonrieron, y se
volvieron a mirar y así un rato y después me dijeron (…) Yo la
verdad es que no recuerdo qué me dijeron, pero de cualquier
modo ese día no hubo teatro Martiano ni su cuaderno de apuntes
regresó a la biblioteca de la escuela.

Por aquellos días de Danzig en Marianao

Cuando Danzig, la banda de rock, su música quiero decir, llegó al barrio; al barrio todo llegaba con dos y hasta con cinco años de retraso, hacíamos una sola comida en casa, una sola en todo el día: col y enormes frijoles carmín durante las dos últimas semanas de cada mes, a veces literalmente a diario. Recuerdo que un día mi madre al verme intentando tragar aquella monotonía vegetal me dijo apenada: mijo no te la tienes que comer si no te gusta – a lo que respondí tratando de no entristecerla más de lo que ya estaba- no mami, claro que me gusta, además, nada de colesterol.

Por aquel entonces un paquete de "Tupamarus", cigarrillos hechos en casa con colillas recicladas, encontradas por donde quiera, costaba 50 pesos cubanos cruzando la Zanja de Marianao. El c.u.c no existía y un dólar estaba a cien pesos de toda la vida. Entonces la gente se caía medio ciega, y yo más de una vez me llevé de por ahí, y sin permiso, un puñado de azúcar a la boca, para no caerme yo también. Y más de una vez también nos bajó la presión oyendo Rock, ahogados en te de "Caña Santa" caliente con hojas de limón, o de naranja, o de toronja en la cantina de la Cleo del Pi. Mientras el barrio a treinta y pico de grados Celsius ardía. Danzig con un panecito a las cinco de la tarde, cena a las diez y pico u once de la noche para acostarse medio lleno. Después de pasar el cacheo policial apostado en la subidita del taller, que creo aún hace la esquina de 100 y 51 en Marianao.

Me comía cualquier cosa, lo que apareciera. Un día me comí un par de no precisamente Psilocybe Cubensis, sino de no sé qué hongos, también Cubenis, que por poco me matan. 18 horas de terror absoluto. Tremendo vuele.

Mis únicos zapatos, un par de tenis de lona muy usados, ya con los años también muy feos, con huecos en las suelas, en ambas suelas, que cuando llovía no había carátula de libreta que detuviera la ciudad, licuada metiéndose por debajo de mis uñas. Tengo mucho que agradecer a la moda Friki (1982-1984). Luego vino la decadencia, la infiltración del Movimiento Friki, el patio de Castro administrado por la María, los frikis del pelito bien cortado, pulovitos de afuera, ojitos fosforescentes y peróxido de la shoping etc. etc. etc. La metatranca, Juan Blanco, Edesio Alejandro, la "Generación de los Topos" y un montón de gente que jamás juró bandera en "El Camilo" osando llamarse frikis.

Por aquellos días de Danzig los dedos de mis pies eran negros, y mi costumbre de cruzar las piernas al sentarme muy privada; los huecos en la suela de mis tenis, tremendos. Un pantalón azul, uniforme de la Cubana de Aviación, regalado, dos camisas marca Yumirí y un pulóver azul que me trajo Lála cuando en el 92 vino de visita desde Venezuela. ¡Terribles aquellos días de Danzig en Marianao!

44

Los nombres en Cuba, según Fukuyama

Cuando Blind Faith grabó "Well Alright" yo tenía tres semanas de nacido. Corría el "Año del Esfuerzo Decisivo", que fue como los comunistas cubanos decidieron llamar al año 1969. Era la época en que en Cuba te bautizaban con nombres vietnamitas, patrióticos o ancestrales. Por poco hoy me llamo Suyén.

Luego llegaron los Soviets y todo el mundo se llamó Alex-algo u Olga y a veces Olga-lidia, Vladimir y hasta Estalin: no se pierdan la "E" mayúscula de Estalin ni los acentos corredizos de Leóni, Léoni ni la contundencia de Leoníd.

Más tarde la gente podía llamarse cualquier cosa, desde Onedollar hasta Sepmi, Neva como las cuchillitas de afeitar y Youminislady. Y finalmente, según Fukuyama, se acabó la historia, y ya veremos lo que empieza a llamase la gente en donde no existe, quiero decir en la sin historia del mundo sin enemigos ni fronteras claras que nos sugieran cómo llamarnos en Cuba.

En Cuba todos fuimos boxeadores

Las tragedias familiares, la preocupación de irse al internado dejando, a tu madre en un infierno. El fantasma del Che Guevara, el aliento de Castro, el chirrido de la Revolución sin dejarte pensar y tú pensando a pesar, como los locos. Increíble. El sueño personal, el siempre mañana, los hombros aterrorizados de la familia, el miedo comiéndote, teniéndotelo que callar, que tragar, que reír. Silencio. El triunfo tuyo nunca tuyo. La deuda eterna. Terrible. En Cuba todos fuimos boxeadores y hoy todos estamos lesionados.

El emigrar hoy de Cuba es como el morir

El emigrar hoy de Cuba es como el morir. Pero no se entiendan por favor mis palabras ahora mismo, en el sentido patriótico de la frase hecha. Me refiero a que todo el mundo y no sólo en Cuba "sabe" que va a morir. También me refiero a que aquellos dentro de Cuba "saben" que existe un "afuera de Cuba".

Me explico:

El reino de los cielos y el extranjero, ambos, existen para el cubano dentro de Cuba en el más allá. Y la relación del cubano dentro de Cuba, para con los que habitan en estos sitios, quiero decir para con los que habitan el extranjero y el más allá, es también más o menos la misma. Se espera de ellos lo mismo, se les ofrenda lo mismo, se les mienta lo mismo, se les celebra lo mismo, se les presiona del mismo modo. Y también con la misma telilla de misterio, intocabilidad y etereanismo, se les envuelve. Y entre el más allá y el cubano de adentro, alzándose incólume la figura del mediador, sacerdote o dictador, decidiendo quienes van y quienes no van al cielo, al extranjero.

Por eso cuando te marchas de Cuba al extranjero es como si te hubieses muerto, y cuando regresas, si lo consigues, es como si hubieses resucitado. Y no se esperan de ti otras cosas que milagros e historias que fortalezcan la fe. Poco sabe el cubano de adentro lo que siente el cubano de afuera, como poco sabe el poseso de las almas que recibe. Ellos saben, lo que se les cuenta. Para vivir dentro de Cuba hoy, como para que esta vida de todos tenga sentido hace falta un más allá, aunque sea para negarle, traído al más acá por los que del aquí se nos han ido. Para vivir fuera de Cuba hoy, como para que esta vida de todos tenga sentido hace falta un más allá, aunque sea para negarle, visto desde aquí por los que de allí nos hemos ido.

La embajada de Nepal en la Habana

Muy trágico cuando dejar Cuba, se convirtió en el sueño más inmediato del cubano. Y creo que esto de dejar Cuba, ha tenido un impacto tan duro en nosotros, porque nos educaron creyendo que no sería así. Esto nos tomó por sorpresa de verdad, como el terremoto en Nepal.

A los cubanos nos educaron creyendo que no vivíamos en una zona de terremotos, así que lo nuestro ha sido peor que en Nepal, ellos al menos sabían. Lo de nosotros ha sido un terremoto venido de la nada, de duración cincuenta y tantos años como mínimo. Y cada cual se ha venido dando cuenta cuando el techo propio le ha caído encima, cuando el suelo propio se le ha hundido.

Y si hoy abren la embajada de Nepal en la Habana, se llena...

El bautizo de un cubano en Suecia

La primera manzana que literalmente me calló en la cabeza. Ocurrió el jueves 19 de septiembre del 2013, sobre las 14:00hrs hora local. A 18 años de aquel primer pasó mío en tierras suecas. Lugar: Jardines de la facultad de estudios de globalización de la universidad de Gotemburgo, Suecia. Mi facultad, siete años después de haber comenzado a estudiar en esta universidad. Supongo que algo ha cambiado.

- ¿Será una especie de bautizo sueco?

Este tipo de cosas suceden a los niños en Suecia. Y yo lo interpreto como una suerte de iniciación. Me pregunto cuál sería su equivalente en Cuba, el bautizo cubano, quiero decir: quizás el primer buche de agua de mar por la nariz, una insolación, un coco, no un coco no. Un coco en la cabeza no sería un bautizo sino la unción de los enfermos. Quizás un mango o un aguacate o una rana escondida en un racimo de plátanos, mojada, posada en la frente.

¡El recuerdo! He ahí la diferencia entre el bautizo adulto y el de infante. De adulto te bautizas confesado, confirmado, medio perdido y lleno de recuerdos.

Son lindas, pero no te dicen papi

El título de lo que sea no sólo debe ser el principio definitorio de lo titulado, sino que además debe estar al comienzo de lo titulado, podría pensarse. Me encantan las puertas entreabiertas y las llaves torcidas en el suelo de mis textos, tengo que reconocerlo, del mismo modo en que también comprendo el que no muchos aprecien este recurso literario mío, el que no todos sobrevivan a estas líneas mías, y el que quienes lo hacen regresen y regresen y regresen. Pero me he dado cuenta de que eso de los títulos no funciona así, sino así: duele, gritas, si de verdad te duele aunque nadie escuche. Con todo y lo que yo mismo digo que el grito es una manifestación social, algo público; que estando solito aguantas más, sin gríticos. O talvez es por eso que lo digo, quiero decir eso de gritar aunque no haya evidencias de que alguien te escuche. Precisamente porque es eso lo que pretendemos, en cualquier caso particular, con el grito o título de lo titulado, de lo gritado, que alguien escuche y que entienda que te dolió, que te lo sentiste y que lo quieres compartir con alguien. Sobre todo eso, que lo quieres compartir con alguien, aunque no sea precisamente dolor lo que quieres compartir con cualquiera. El grito no tiene nombre.

¿Bueno, y a qué viene tanto lío con lo del título y el hecho de titular, será que estoy gritando? Sin dudas estoy gritando. La cosa es que el título de esta reflexión es toda la reflexión.
Después de años recluido en Suecia, lejos de mi Cuba, de mi patria. Y ya he dicho antes que "Mi patria es y no es Cuba", téngase en cuenta, y nos entenderemos mejor. Me he dado cuenta, aprehendido que no soy de estas tierras tampoco, y esto no me hace más feliz. Es jodido lanzarse a la carga con un montón de gente, crees tú, y de pronto comprender, tácitamente, que sólo escuchas el galope de tu caballo, que te pasaste, que se acabó el celuloide, que el guion de la película de tu personaje nadie lo escribió, que no hay un "Story board" , que eres como el soldadito que se cayó de la mesa y siguió cabalgando como un loco sobre las baldosas, con la memoria de la mesa a cuestas, con la parte de abajo de la mesa de cielo lleno de tornillos, y de telarañas, y de ruidos.

Y es que las suecas son lindas, pero no te dicen papi.
Sin que éste sea sino el dolor, y el grito, y el pedido, y la súper conciencia o el súper estado alterado bajo alcaloide cubenis, en

que te das cuenta de que no es que estés en el lugar equivocado, sino en el estómago de un bicho que eres tú mismo, con necesidades que no hay Dios si lo hubiese, que pueda satisfacerte. Y entonces: estás sólo, con tus ganas de compartir, de gritar, con la mesa como cielo en donde se acabó el celuloide, en las patas de los caballos a caballo, sin patria, sin amo, sin un carajo trotando porque es lo que sabes hacer. Porque hacer es nuestra manera de existir.

Hacer es nuestra manera de existir

Estar en el infierno es estar aquí, siendo molestados por lo que sea que nos moleste cuando nos molesta, y no poder hacer nada por evitarlo, por eliminar esa molestia. Estar en el infierno es estar aquí, deseando lo que sea que deseemos y no poder hacer nada por alcanzarlo. Hacer es nuestra manera de existir, y el verbo quien da sentido a la acción. Una acción desverbada no es un gesto vacío sino vaciado, es un accionar de infiernos.

Aunque no nos digan papi

Increíble hermano, lo que nos pasa, increíble en donde nos hemos metido, increíble el pacto que hemos hecho y lo bajo que también, aunque no de costumbre podemos caer. Increíbles las noches, increíbles los días en lo que nos pueden convertir para mal, y sobre todo para bien, si sabemos llevar o dejar que nos lleve nuestra carga, esa carga con patas a nuestra espalda a veces, y otras también al estómago, a los pies de cabeza.

Increíble hermano, lo que no nos pasa, lo que no nos pasó. Increíble que aunque aún no lo creamos, que aún no lo creamos. Y ya sé que las historias de caballeros azules y de princesas-patrias encerradas en castillos son historias del post-colonialismo, sus historias necesarias hermano. Pero ojalá nuestra historia fuese azul, ojalá que fuésemos caballeros azules, y que de verdad la patria fuese una princesa encerrada en un castillo, y no la puta de taberna en lo que nos la han convertido, en lo que se nos ha convertido. Ojalá que lloviese de noche hermano y que el agua aquella de los aguaceros de la niñez, obligados nosotros a quedarnos en casa por nuestros mayores entonces, se lo lleve todo y que nos agarre confesados, y que el final, y que el final sea un final feliz.

Ojalá hermano que aceptemos lo increíble, que nos lo comamos sabiéndolo como lo sabemos, a ver si de una vez y por todas aunque no nos digan papi las llegamos a querer como se merecen, hermano. Increíble hermano lo que nos pasa porque no nos pasa, y lo que no nos pasa porque nos pasa, pasa.

Increíble hermano, increíble palabra esa para estar diciendo todo lo contrario.

La rastra de mi amigo el Shen y la política

- Yo soy chofer de camión. ¿Será que tengo una carrera política por delante y no la veo"?

Vi escrito en tu muro esta mañana y quién sabe hermano. Digamos que la política es manejar la rastra cargada de lo que sea, iluminado tú para que te vean cuando quieras que te vean, y al camino si lo importante es hacerte invisible. Usar el claxon cuando te haga falta, para lo que te haga falta apoyar o quitar de tu camino inmediatamente, evidentemente, siguiendo tú ciertas leyes, sobre todo si te están mirando a la chapa o hay cámaras de esas que te envían un recibo a fin de mes.

Por otro lado, la política es también ir violando todas las señales que necesites violar e incluso las que no, para poder llevar la carga a dónde has de llevarla, ganar dinero y disfrutarlo como te dé la gana. Y regresar a casa a tiempo de darle un beso de buenas noches o de buenos días a tu niña, tiempo de amar a tu esposa.

Y finalmente esto: manejar una rastra es pasártela sólo en la carretera de todos, y en los hotelitos de nadie contando las rayitas del suelo, y las marquitas en la pared cada vez que te rompas o se te vuele el aceite. Manejar una rastra es tus padres, es tu familia buena y mala, son tus recuerdos e ir pisándolos aunque te duela, es tus amigos fieles y los de mentirita, y volver con la idea

siempre al garaje en donde te entregaron tus primeras llaves
maestras que ya no existen, que ya no existe, a donde te dije que
se mudó un pionero negro.

"Rastrear" eso lo sabes hacer tú que te has manejado al Imperio
un montón de años. Tienes ya la experiencia. Por eso te digo que
sí hermano, agarra el micrófono, acelera y ponte el cinturón que
en la carretera, por muy grande o pequeño que sea el camión, a
cualquiera le fallan los frenos o le dan un trastazo y siempre
habrá alguien que te grite: CAMIONEROOOO!

El dolor en mis textos and the "November Rain"

Alguien querido me habló del dolor visible en mis textos, y yo de
la "Sinceridad de Mishima":

– Lo que, de todos los dones excepcionales de Yukio
Mishima, más me impresiona, es su capacidad de ser
sincero. Si todos nosotros, el resto, escritores o no,
lográsemos ser tan sinceros como él, entonces todos
también seríamos excepcionales, con independencia de lo
que sea que hagamos.

Tú sinceridad te hace excepcional, y normaliza la vida de
otros. Ser normal, generalmente significa e implica, ser
aceptado por la mayoría en la cual pretendes ser

admitido. Y esta es la razón principal, la que impulsa a la gente a no ser sincera, quiero decir, a ser normal.

Esta mañana mientras me preparaba para irme a la universidad y pensaba, me perfumé un ojo, el derecho. Una amiga desde su muro en Facebook, comentó la imagen medianamente distante de un hotelucho, de esos cercanos a las estaciones de trenes, en donde seres luminosos y otros bastante oscuros a menudo confluyen. Y estuvo claro que veinte años antes aquella posada, hoy visible desde la ventana de su oficina laboral, había sido la primera morada de mi amiga al llegar a su exilio, al exilio de sus padres en Suecia.

Un amigo admirable que me admira me interpeló hace unos dos días, sin que yo tuviese que responderle en el acto, sobre la razón que cada vez me hace levantarme de la cama. Y creo que ya le respondí, un año o dos antes de que me preguntase.

– Amigo me levanto cada día porque es lo que sé hacer.

Una muchacha en la mesa contigua a la mía, esa en el café de la universidad en la que siempre me siento al comenzar el día, no flirtea conmigo, estudia con unos amigos y es bella. Se suelta y se recoge el pelo, un montón de veces y sonríe, y me hace pensar en el blog de mi querida Yovana.

Y de vuelta al motelucho, hotelucho de estación en esta mañana del noviembre nórdico diré que le escribí a mi amiga:

- Vete ahora querida, veinte años en tu futuro y dime si te gusta la imagen de estos días.

¡Yo no aguanto más, no aguanto más! Creo que es lo que tengo el valor de decir en mis textos, sin temor a ser descubierto, y entonces aguanto más. Soy netamente un actor Stanislavskiano o "El Brujo de Nana". Creo en el atravesar el umbral del subconsciente, en la locura gloriosa de tirar pintura para donde quiera y en que de pronto aquello diga algo. Creo en el miedo que en escena me quita el pantalón, de una, y los calzoncillos antes que la camisa o el sombrero; al tener que hacer una escena de amor, de sexo, con una actriz preciosa, preocupado yo porque quizás esta vez el pene se me haya quedado chiquito. Y entonces no hay nada que tener: aquí estoy, así soy. That's it: El dolor en mis textos y "November rain".

Besos, Azul.

III

El estructuralismo socialista

Como a un pequeño invernadero de cristal, al que le crece una ceiba enorme en las entrañas, cuando a las estructuras se las utiliza para aquello que no fueron creadas, terminan derrumbándose. El socialismo, al menos teóricamente, fue una estructura creada para satisfacer las necesidades siempre crecientes de la población. Por esa razón, cuando la estructura de la casona socialista, no consiguió satisfacer a las masas que albergaba, y las masas comenzaron a alienarse, y a sufrir, la estructura no logró soportar el peso de tal sufrimiento, de tal alienación, y la casona socialista terminó derrumbándose. Así se derrumbaron la URSS, el muro de Berlín y el resto del campo socialista europeo, el asiático, los intentos africanos y el cubano.

Los cubanos vivimos entre la herrumbre radioactiva de una estructura, que jamás nos dio la satisfacción de tomarnos un descanso, y de sin peligro ni miedo de guerra inminentes, sonreír en paz a su amparo. A la estructura socialista cubana, aceptemos que un día a pesar se hizo hecho, debiósela desmantelar a tiempo. Pero a los arquitectos estructuralistas nunca les importaron en realidad esas, las masas de la periferia, sino sólo ellos mismos, los generadores del centro. Al ingeniero en jefe le interesó más la gloria ruda de una estructura, que lo que en realidad la estructura misma, desde un inicio le estaba a gritos sugiriendo: satisfacer las necesidades siempre crecientes de la población.

Las estructuras sociales deterministas, en este caso la del socialismo, prevén el desenlace histórico de la ecuación social, en el resultado por ellos mismos vaticinado, deseado y visto como inevitable. Es en este punto en donde los estructuralistas se apropian de Marx y su marxismo, convirtiéndoles en una de sus bases teóricas definitivas, pues según los primeros, el marxismo les aportaba el análisis científico necesario en la deconstrucción de las estructuras sociales.

Para los estructuralistas socialistas, el desarrollo es unilineal, un movimiento progresivo en el que una clase sucede a la otra, dando esto lugar a nuevas y superiores estructuras sociales y de relaciones de producción, que según los devotos del marxismo, son las bases de las estructuras sociales. La aristocracia es sucedida por la burguesía, la burguesía por el proletariado y el proletariado; siendo el destinatario y único beneficiario de esta dinámica sólo crece y crece y crece, como la ceiba enorme en las entrañas del pequeño invernadero.Y ahí es donde está el gran peligro de crear estructuras tan rígidas como las del socialismo, en un mundo que proletario en su inmensa mayoría, es también cada vez más sísmico. Pues al crecer el proletariado, crecen también sus necesidades de todo tipo, que con el afán de conservar tal estructura proveedora de satisfacciones, alguien tendrá que reorientar o cuotificar. Dícese, no sólo según el estructuralismo socialista, que es la relación hacia los medios de producción y hacia a la producción misma, lo que determina qué papel juega cada pieza en una estructura social, y su relación de poder con respecto al funcionamiento de la misma. En el socialismo, estando centralizadas las maquinarias en manos de la transcendente estructura del estado socialista, las masas proletarias en realidad sólo de forma abstracta, son dueñas de los medios de producción y de los beneficios que estos reportan. Lo cual revela que siempre es el estado socialista, en su naturaleza transcendente, quien ha de reorientar y/o cuotificar las necesidades siempre crecientes del siempre creciente proletariado.

Y ahora veamos: quién es en realidad el estado en la estructura socialista, sino un grupo de proletarios, que como entes históricos dirigen desde algún sitio la resistencia de la estructura, que según el propio marxismo, base científica de la escuela ideológica estructuralista, debería dar paso, ya mostrando tales contradicciones internas, a otras estructuras. No digamos a estructuras comunistas ni liberales, sino simplemente a las estructuras necesarias, según la historia, la capacidad y la necesidad de cada caso específico.

CUBA, sistema de estructura final

El problema en la sociedad cubana actual, construida sobre las bases de la idea castrista, y de su interpretación descabellada de la escuela ideológica socialista; vista esta sociedad cubana como un "Sistema de Estructura Final", es su incapacidad de satisfacer las necesidades siempre crecientes de sus ciudadanos, y como consecuencia su contribución al incremento de la insatisfacción de las necesidades siempre crecientes de dichos ciudadanos. Esto genera parte de la miseria no heredada y desde siempre existente en Cuba, teniendo en cuenta que las necesidades al no ser satisfechas, lejos de desaparecer se incrementan, generando nuevas además. El ser humano, como todo ser vivo, tratando de sobrevivir encontrará una manera de cumplir con lo que le define: sobrevivir. Y cuando esta sobrevivencia ocurre al margen de la legislación social establecida, y en detrimento del bien común, se llama corrupción.

Imaginen una bombilla incandescente que no ilumina, o mejor un reloj que no da la hora. El reloj es el objeto por excelencia utilizado para explicar lo que es un "Sistema de Estructura Final": un montón de piezas independientes, con personalidad y existencias propias, encaminadas vistas como un todo, hacia un gol superior, común: dar la hora. ¿Qué ocurre? Pues que un reloj que no da la hora genera la confusión, la incertidumbre, la frustración, la alienación, el cansancio y la especulación etcétera, ya que quienes viven a la sombra o al amparo del tiempo, de alguna manera tienen que resolver el cómo organizar sus días. Y sin un reloj que dé la hora como es debido, permitiéndonos entonces como seres sociales el sincronizar nuestra acciones físicas y mentales, cada cual en su pública soledad llevará su propia hora, su incompatible itinerario, que es lo que sucede hoy en Cuba. Nuestro grave problema estructural.

El Ifá Cubano, la Santería y el Islam en Cuba

Se construirá una mezquita en la Habana, la primera, con dinero donado de Arabia Saudita. Esa es la noticia emocionante, alarmante e incómoda para unos, sorprendente para otros, oportunidad para muchos de expresar su desprecio hacia "el otro"; amparados en credos e ideologías supuestamente tradicionales, anteriores al Islam en Cuba. La cosa es que teniendo en cuenta las decisivas raíces, que tanto la Regla de Osha como el Ifá cubano tienen en el Islam, esto no es nada, pero nada raro que suceda; y mucho menos ahora que intentando, mantener su hegemonía en Cuba el castrismo, se ha visto obligado a ceder terreno a otras formas de pensamiento cubano. Que se quiera hacer negocios con Arabia Saudita y el que de esto se haga política es otra cosa.

Para quienes lo saben y lo han olvidado, y para aquellos que no lo sabían, diré que una de las tierras que se saludan al abrir las

61

grandes ceremonias de IFÁ, es justamente la tierra Imalé o de los Árabes. Y es en el Ifá Oddun motivo del saludo a esta tierra, en donde según Ifá, ocurrieron los episodios que dieron origen a Ramadam y la Èjira. Es también aquí, en el Ifá Oddun Otura-Melli, y esto es fundamental, en donde Mahoma el profeta recibe las enseñanzas de Orula, no de Alah, como aseguran los mahometanos. Lo cual implica, según Ifá, que el Islam nació de Ifá. Sin embargo, académicamente hablando, esto es algo que puedo fácilmente desmentir agregando que el Islam, como credo, es al menos cuatrocientos años más longevo que la fundación del mismísimo Ilé Ifé, cuna de Ifá. Esto lo explico sin ánimo de discrepar u ofender a credo alguno ni a quienes les profesan. Los babalawos sabemos bien la suprema importancia de este Ifá Oddun en el Igbodun o cuarto de iniciación de Ifá.

El rezo principal de este Ifá Oddun es: ¡Ifá Imalé Salam Aleikun Aleikun Salam Adifafún Owó Adifafún Omó Arikú Babawa!

Según cuenta Ifá, la tierra esta dividida en 16 reinos o dominios, y es aquí, en Otura-Melli, cuando Orula viaja a la tierra Imalé, Arabia, en donde permaneció doce años, y de donde se marchó diciendo: "Ningún árabe querrá jamás a otro árabe".
Este Ifá Oddun indica que las maneras musulmanas son incompatible con Ifá, sabiduría, ya que según éste Oddun ellos, los árabes, están más empeñados en guerrear entre ellos y contra todos que en aprender. Aprender y enseñar es la esencia de Ifá.

Ahora bien, el que esto lo diga Ifá, tiene con toda seguridad sus raíces más profundas en la construcción del Ilé Ifé en 1075. Dicha ciudad fue el centro del imperio Yoruba, un imperio que cayó, implosionó a finales de los 1700 y principio de los 1800, como consecuencia de guerras internas. Varias ciudades yorubas luchaban tratando de asegurarse el comercio y trata de esclavos con el norte de África, mayormente musulmán. Lo cual facilitó el que en 1810 fueran invadidos e islamizados los territorios del imperio Yoruba, por los musulmanes provenientes del califato de Sokoto, integrados principalmente por los grupos étnicos fulani y haunsa. Estos dos grupos étnicos representan cerca del 50% de la población total de Nigeria actual. La etnia yoruba, luego de las etnias haunsa y fulani, representa la tercera etnia más grande de la Nigeria actual, lo cual significa cerca del 21% de la población nigeriana. Ya en el 2009 la población de Nigeria superaba los 164 millones de habitantes, convirtiéndole en el país más poblado del mundo por metro cuadrado.

Y siendo la religión, la institución social encargada de solucionar los asuntos trascendentales, en un contexto determinado, pues representa y traduce dicho contexto en lenguaje trascendental, para que los devotos le entiendan. La institución, sin más ánimo que sobrevivir a y en su contexto, habla al actor en un lenguaje asequible, es decir en el lenguaje de éste. Entonces, cuando Orula u Orúmila, nuestro profeta de Ifá dice: "Ningún árabe querrá jamás a otro árabe", no está diciendo otra cosa que: "a nosotros los yorubas no nos gustan los haunsa ni los fulani".

Hago toda esta historia para concluir agregando que el problema entre musulmanes y otros, y entre otros con otros, aunque por ahí no estén los musulmanes, no tiene su raíz en el culto que estos profesen sino al revés, que es el culto quien tiene sus raíces en el contexto que expresa. Los musulmanes de Buen Retiro en Marianao, serán los de Buen Retiro en Marianao, y con sus matices no serán otra cosa que marianences; vecinos nuestros a los que su profeta ya les dirá que no le hace comer chicharrones de puerco acompañados de una buena fría a la sombra de un cocotero, o tal vez les diga que sí, que sí le hace, pero que no es tan grave. Porque a fin de cuentas los musulmanes de Buen Retiro en Marianao son marianences, y los marianences cubanos somos, y cualquier intento de obviar este principio fracasará. Estructuralismo funcional puro y duro. Las instituciones son mucho más inteligentes que eso, y miren que a fin de cuentas a la iglesia cristiana le decimos en nuestro Ifá cubano, Ilé Olofin, y que para iniciarse en los cultos afrocubanos de origen yoruba, a pesar de los embates de la postmodernidad y otras metatrancas fundamentalistas, en el Ilé Olófin, hay que bautizarse.

**Nota muy importante: La mayor cantidad de musulmanes no vive en "Arabia" sino en Asia. Y esto de asociar Islam con "árabe o forma de vida árabe", lo cual no es la enseñanza del profeta musulmán ni la norma que rige a la mayoría de los musulmanes, tiene sus raíces en el movimiento reformista llamado Wahhabismo, fundado en los 1700 por Abd al Wahhab (1703-92)

Canibalismo estructural - Socialcanibalismo

Lo cierto es que están los que tienen una idea de que la Matrix existe, y eso les da ventaja sobre aquellos que no la tienen. Pero ver la Matrix, no la han visto. Y entonces qué pueden hacer sino seguir huyendo de los pulpos mecánicos y de los agentes de la Matrix para poder salvarse.

Cuando vez la Matrix ya no necesitas huir. Pero eso sí, el bistec te va a saber a lo que es: a animal muerto.

La violencia en Cuba

¿A dónde hemos llegado? Exclama alguien en Facebook, al pie de un video que enuncia la violenta pelea entre dos jovencitas cubanas. A juzgar por los uniformes y la no-pañoleta estudiantes de preuniversitario urbano. Todo ante la muchedumbre frenética que corea a favor y en contra de una o de la otra adolescente, y también de la pelea que un único policía apenas consiguió detener.

¿A dónde se ha llegado? Respondo yo: siempre hemos estado ahí. Vi apuñalar a varios en Ciudad Libertad, antiguo Cuartel Columbia, de día, ya por los 80s, cuando yo estudiaba en la escuela secundaria básica José Antonio Echeverría.

La sociedad cubana es horrible, fundada sobre bases machistas, postcoloniales y homofóbicas terribles. Y es que la belicosidad del pueblo cubano viene de su incapacidad de vivir en paz. Paz que no encuentra sobre aquellas bases. Y la censura castrista, una de las herramientas para consolidar el control de la información, y de este modo orientar el pensamiento de las masas a donde quieran aquellos que ejercen la censura, es una de las piezas en la estructura de la sociedad cubana que hace posible, y hasta necesaria, esta violencia en Cuba. El cubano no vive en paz porque no sabe cómo hacerlo, no tiene las herramientas para hacer la paz, viviendo como vive en una concepción del mundo totalmente errada y limitada. Los que llevamos décadas fuera de Cuba, reconocemos a los recién llegados no sólo porque no saben cómo se paga el metro, sino sobre todo por esa idea de "estamos en guerra" que tienen cuando llegan de Cuba.

La trilogía sobre la violencia, del antropólogo noruego Johan Galtung, explica muy bien cómo es que esto funciona. La violencia podemos dividirla en cultural, estructural y real: la cultural, aquella que justifica y legitima la violencia en sus otras dos formas, quiero decir en su forma estructural y en la cara a cara o real. La estructural es digamos tácita en la sociedad coreana del norte, cuando la violencia la ejerce la estructura, que no deja de ser realmente violenta ideológica y físicamente también. ¿Quieres ver algo más violento que el ejecutar a un ministro con un cohete?

Ejemplo de violencia cara a cara o real, lo tenemos en el hecho de que individuos se vayan a las manos, con la intención de dañar a su contrario físicamente. Pero ninguna de estas formas de violencia es posible sin la llamada violencia cultural. Esas muchachas se golpean porque la cultura cubana dice: "si te dan da, o si te dejas dar eres un penco, e incluso si te dejas dar eres un MARIC...", término genéricamente masculino que puede usarse incluso para ofender a féminas. Muestra del machismo como componente de la violencia cultural y estructural en Cuba.

Particularmente, y alejándome algo de Galtung, defino la violencia estructural también, como la estructura sociofísica que hace posible el ejercicio de la violencia física. Si no tienes un cohete cómo vas a matar a alguien con un cohete, o si ese policía cubano les hubiese puesto las esposas a esas muchachas, todo hubiese acabado bien rápido. En Cuba hay un desorden estructural tal, que toda violencia es posible. No es raro que en Cuba te saquen la gandinga por la boca, escribí hace un tiempo, esta vez refiriéndome a la violencia ejercida por el castrismo, en contra de sus opositores manifiestos. Y así, con tremenda roña, pregunté abiertamente a todos los horrorizados con la violencia gubernamental en Cuba:

- ¿A quién no le llevaron o no sabe de algún amiguito, al que llevaron a golpes desde la escuela hasta la casa, por haber hablado en clases ese día, golpeándole hasta en la cara con su propio cinturón? ¿Quién no escondió o no sabe de algún amiguito o amiguita, que escondió su arcoíris de dolores con el cuello de su camisa-blusa del uniforme? ¿Quién hizo la denuncia? ¿A quién escucharon entonces? ¿Quién escucho?

En Cuba la violencia está institucionalizada y el maltrato infantil es la mejor prueba, aceptada además como castigo necesario, como derecho del castigante y galardón del castigado. ¿A qué tanto asombro, a qué tanto horrorizarse cuando se ha sido el primero, el segundo y el tercero en torturar o permitir que se torturen a nuestros propios hijos, bajo criterio de "una cosa es la libertad y otro el libertinaje", o eso de que "al mulo se le dan los palos donde se cae", o de que "el perro chiquito a palo aprende", o que "una bofetada a tiempo ahorra males mayores en el futuro? Presidió político, Zapata, Wilfredo, Harold y Payá, Sonia Garro, Mazorra, la 1580, sí y qué.

¡A veces se me quitan las ganas, recontra! Cuando veo tanta ceguera. ¡Cóntra, sí, con acento, que requetejodidos estamos los cubanos, enredados en del mal los gajos, incapaces de ver sus estructuras y entonces, hasta siempre Comandante! ¿Saben todos lo que sucede, porqué la Cuba-Violencia-Impune que padecemos? Pues sencillo: las instituciones sociales, estructura de toda sociedad, edificadas para de manera contextual satisfacer las necesidades del grupo en dicho contexto, siguen siendo las mismas en Cuba, a pesar del carácter mutante de todo contexto, de nuestro contexto. Y por ende, intentando reproducir aquello

68

para lo que fueron creadas, encontrandose estas en un contexto ajeno, se produce la colisión, el conflicto. ¿Pero por qué violento? Pues porque nuestra cultura, local y global, le avala. La violencia, cuando es "real", material, palpable, con efecto visible en la materia, tiene siempre sus bases más profundas en una violencia cultural, es decir, en la idea legitimada por otras tantas ideas, de transformar contextualmente a la materia a nuestro favor, sin tener en cuenta ni respeto a las necesidades y la voluntades de los demás integrantes de dicho contexto.

Matamos, golpeamos, aplastamos, impunemente por deducción:

- Si mis padres, los mismos que siempre me han amado, de niño me regalaron soldaditos y me golpearon, a veces públicamente, y también me castigaron sin fijar los límites ni los términos de mi encierro, sin yo entender nada, entonces, por deducción: matar no puede ser tan malo, golpear a mis hijos tiene que ser lo correcto, aplastarle la cabeza a un recluso, tiene que ser lo necesario, y no dar explicaciones mi derecho.

Y si esta deducción se institucionaliza, quiero decir fuerzas armadas, policía artillada, agentes secretos con permiso para matar, soldaditos de goma junto a muñecas flaquísimas y rubiecísimas, y ahora de moda aunque sólo de juguete, también negrísimas, aún peor.

La violencia seguirá, esa es mi deducción. Entrenados de pequeños como lo estamos todos, para matar, golpear, aplastar sin dar explicaciones al otro, a la flaca y a la negra, al negro y al blanco y al libertino. Al otro, siempre al condenado problema del otro condenado. Jugando..... (Pausa sostenida, teatral y seguimos).... por la sonrisa y una pizza como si nada, enredados en las ramas–manifestación de la violencia cultural, la de la sangre, con la que vemos y nos vemos en el mundo.

Sin desconstruir a Cuba, todo esfuerzo por cambiarla resultará en mutaciones, cada vez más letales, de lo mismo. Miren lo que sucedió cuando cambiamos a Batista. Y esto último no parece haberlo entendido mucha gente, incluyendo a los imbuidos en estos asuntos.

Tribulaciones en cubano

La mayoría de la gente en Cuba, como la mayoría de los pobladores de todos los países del mundo, está contenta si tiene comida y algunas cosas con las que satisfacer su vanidad. Como en todos los lugares del mundo en Cuba "la masa" no se sumerge en profundas tribulaciones existenciales, aun cuando son las tribulaciones existenciales las que hacen al humano lo que es, humano. No son las alegrías tampoco las tristezas, los animales también entristecen y se alegran, sino la reflexión sobre estas alegrías y tristezas, lo que nos diferencia de los animales. Si los

Castro consiguen satisfacer estos puntos, quiero decir llenar el estómago de las masas y darle algunas cosas con las que satisfacer su vanidad, seguirían en el poder cientos de años más. Porque como la mayoría de los pobladores de todos los países del mundo, la mayoría de la gente en Cuba no se sumerge en profundas tribulaciones existenciales, aun cuando son las tribulaciones existenciales las que hacen al humano lo que es, humano. Y es aquí donde está el peligro de abrirse a Cuba mientras Cuba quiera decir castrismo.

Gobierno Cubano. ¿Totalitario por qué?

"Estado de derecho" no es lo mismo que "Estado por derecho". El primer modelo protege al ciudadano del estado, mientras que el segundo al estado del ciudadano. La clave es la relación entre la ley o derecho y el estado. Separación con el fin de implementar el primer modelo social, y lo contrario con el fin de implementar al segundo. Resultando en una sociedad democrática o en un modelo social totalitario.
Es por eso que "Régimen Totalitario" es la única manera de definir correctamente al gobierno de Castro/Cubano.

Problema cubano de base

Gran problema es el que la inmensa mayoría de los cubanos fuera, y los de dentro de Cuba, rara vez o nunca lean, y si lo hacen no entiendan, el mensaje en lo mejor de lo que se escribe desde nosotros sobre nosotros mismos. Es como si no estuviesen aptos para siguiera husmear en el pensamiento cubano actual más elevado.

Y es que las cosas con los cubanos van más allá de Antonin Artaud cuando dijo que: "si la multitud no entiende a Ubu Roi, la culpa la tiene Ubu Roi, no la multitud, y es que Ubu Roi debe hablar a la multitud en el lenguaje de la multitud para que esta le entienda".

La cosa es que los cubanos, en su mayoría, carecen de bases. No se les ha permitido crear las estructuras para detectar, alcanzar, consumir, difundir y producir pensamientos realmente elevados. Privarles del contacto con el mundo fuera del barrio y de lecturas más allá de Guamito y Cayusín, mantenerles ocupados con una mano aguantando el techo de la choza y con la otra intentando todo lo demás, ha sido una estrategia sin dudas brillante por parte de la dictadura Castrista.

El origen de la pobreza

Asegurar, como se ha hecho costumbre y norma, que la pobreza
tiene su origen en la derecha política es una injuria. La pobreza
no tiene su origen en un ala política determinada. Y partiendo de
la muchísima hambre ocasionada por los gobiernos de derecha
en el mundo, ahí tenéis sin embargo, el ejemplo de lo que hizo la
izquierda en la Europa del Este durante más de 70 años, lo que
sigue haciendo en Cuba y en Corea del Norte, lo que hizo en
Angola, Mozambique, Etiopía, Cambodia, Vietnamn, en la China
de Mao, Laos, Kampuchea y viene desde hace años haciendo
también en Venezuela.

El origen de la pobreza más que ideológico es administrativo. La
izquierda tuvo su oportunidad de sacar a las "putas" de la calle,
de quitarles la necesidad de consumir "polvo", y ahí está la
historia, no lo lograron. Cuba, mi país de nacimiento, es el
ejemplo viviente de en donde la gente siempre se ha muerto del
hambre, tanto a derecha como a izquierda. Recuerden "Palo
Cagao" y la "Isla del Polvo" en "Marianao", ciudad que una vez
progresó para algunos, que hoy no lo hace para nadie. Ciudad en
donde a la izquierda en carne propia, lo ácido de tanta mentira,
descubrí yo.

Fuimos a la escuela "gratis", abonando voluntariamente con
nuestra alma y libre albedrío, sólo para darnos cuenta en el

exilio de que lo que aprendimos allí, no sirve un bledo en ninguna otra parte del mundo, que tenemos que pasárnosla revalidando, chocando a los cuarenta y tantos con aquellas asignaturas básicas, a las que el marxismo les robo todas sus horas clases, a nuestros veinte.

El origen de la pobreza, a su vez ésta origen de la violencia, es la segregación. Entendiendo segregación como la política que crea diferentes tipos de acceso al desarrollo. Resumiendo desarrollo como bienestar social en un contexto determinado, siendo su pauta mundial hoy, la Declaración Universal de los Derechos Humanos.

Los políticos, sus promesas y el poder

Estoy absolutamente convencido de que el hecho de que los políticos digan una cosa y que luego hagan otra cosa o lo contrario, no sólo se debe al cinismo embustero de algunos de ellos, sino en gran medida a una estructura social que no les permite hacer lo prometido. ¿Pero si tal es el caso, y esto es aplicable en todas las naciones, por qué no se concentran los políticos en cambiar radicalmente estas estructuras sociales entre ellos y lo que nos han prometido?

La respuesta es que un cambio estructural de la sociedad, de la envergadura necesaria para que los políticos consigan cumplir sus promesas, sin dudas, dejaría sin poder a la mayor parte de ellos. Y el poder es la razón de la existencia de los políticos. Poder definido como la cualidad que todos poseemos de transformar nuestro contexto a nuestro favor. Cualidad que en las democracias representativas cedemos a nuestros políticos, valga la redundancia, para que nos representen, aunque luego a duras penas lo hagan. Cualidad que en Cuba nos han quitado los castristas, con el objetivo de no representarse más que a sí mismos.

Cuba, Dictadura Parlamentaria

Cumplir con la ley no es aceptarla sino un deber tan ciudadano, como el cambiarla, cuando esta no representa los intereses de la ciudadanía. Incumplir o violar la ley, lo cual parece lo mismo pero no lo es, es en ambos casos y en cualquier lugar en donde la ley en cuestión sea vigente, delinquir. Violar o incumplir la ley, incluso cuando se le desconoce, es aun teniendo en cuenta las atenuantes del caso, un delito.

El Estado, definido por Weber como aquel grupo social con el monopolio del uso de la violencia, en un perímetro geográfico bien delimitado llamado nación, tiene siempre medios para doblegar al individuo. La ley es el instrumento regulador del estado. Esto funciona así: el Estado siempre manifestará, y en esto los Castro han sido más que consecuentes, que actúa en beneficio de la nación, lo cual es en sí lo que define al Estado como Estado. Entonces el Estado como tal ya definido, contando luego con la necesaria legitimidad que a él otorgan su parlamento, afincado este último en la Constitución de la Nación, podrá en las naciones, y no sólo en la cubana de los Castro, incluso hasta llegar a matarte, en defensa de la nación.

Una nación, es según Guibernau, un grupo humano con un pasado y una cultura común, que consciente de sí mismo y de sus actos, hace reclamo sobre un territorio bien delimitado y del derecho a su legítima autodeterminación, dentro de los límites de dicho territorio. A las naciones según sus Constituciones o Cartas Magnas, y la interpretación de la misma que hagan sus parlamentos o grupos análogos de turno, se las identifica siempre, con sus respectivas contextualizaciones, como repúblicas, federaciones y monarquías o sultanatos constitucionales, como es el caso del sultanato de Brunei.

El Estado en la Cuba de Castro se define a sí mismo como la Nación, resultando en que el estado cubano se represente a sí mismo. Su lógica, aunque aberrada, es la siguiente:
"Defender las conquistas de la Revolución es defender a la Patria, ya que la Patria es la Revolución, teniendo en cuenta que se es lo que se hace. La Patria hizo la Revolución. Entonces, la Revolución como obra de la Patria o Nación Cubana es responsabilidad del

Estado Cubano; que siendo representante de una nación de proletarios es, como todos y nadie, el transcendente proletariado. Y ya sabemos cuál es la base del sistema socialista, plataforma de tan tamaña aberración social: la "Dictadura del Proletariado". El Parlamento Cubano, apoyado en la Constitución de la Nación, esa que el Estado Cubano ha definido como a sí mismo, legitima el que el Estado Cubano reprima, sin chance de apelación, a quienes les desobedecen. En fin, lo que tenemos en Cuba es una Dictadura Parlamentaria.

Las leyes en Cuba, y en donde sea, hay que cambiarlas cuando estas no nos representan, no violarlas. Porque violar la ley en el contexto de su vigencia es convertirse en un criminal en dicho contexto, y como criminal siempre podremos ser juzgados y penados con severidad, aun cuando la acusación origen del mal momento sea falsa, infundada.

Digamos que al ciudadano, en este caso al cubano, se le impone una sanción abiertamente injusta, que el mismo se niega a reconocer como legítima. Con un dedo de frente sobra para, no sólo a una ley, sino para no reconocer a todo el castrismo. Pero si el ciudadano no sigue el proceso estipulado por la ley vigente, instrumento eficaz del Estado, entonces delinque contra el Estado. Negarse a seguir el proceso estipulado por la ley para invalidar la sanción es en sí un delito, y entonces es por este segundo delito por el que se puede, definitivamente, ser juzgado, castigado al justo amparo de la ley. Como en el caso de aquel extranjero de

Camus, ese que no lloró la muerte de su madre. Cambiar las leyes que no nos representan, que definitivamente nos machacan, en la Cuba que se ha convertido la de Castro, es tarea de todos y de yo saber cómo, ya habríamos cambiado esas leyes. Sin embargo, amparado en los párrafos iniciales de este texto, de lo que sí estoy seguro, es que el inmolarse contra la balanza desajustada de la justicia en la Cuba de Castro es hacerla caer despiadada y mortífera sobre nosotros, y por eso pienso que ese no es el modo de cambiarlas.

Cuando el pueblo llora es como cuando el rio suena

El bien del pueblo es lo primero. Esa debe ser la de todos y nuestra premisa, no la caída de un presidente ni el derrocamiento de un régimen, aunque sabemos, y esta es de las verdades más objetivas, que querer el bien para un pueblo puede sin embargo implicar y por lo general implica, la caída de un presidente y el derrocamiento de un régimen. Ya que a menudo son estos los actores que obstruyen el torrente bienestar del pueblo.

Sería extremadamente estúpido el no entender que el gobierno de Cuba hoy, como cualquier otro gobierno siempre, necesita satisfacer las necesidades continuamente crecientes de su población que, como cualquier otra humanidad, y gracias a esa miseria intrínseca que como humanos a todos nos atañe y define, y nos hace sentir merecedores siempre de un poquito más y mejor, también quiere gozar de aquello de lo que con gusto degusta el vecino.

Es importante poner los pensamientos cada uno en su sitio, para que de este modo aquellos no se eclipsen mutuamente. Si el plan es derrocar al régimen imperante en la isla, porque ya comprendimos que es él quien se ha acomodado entre nosotros y nuestro bienestar como pueblo, es importante el no enredarnos con el obstáculo y continuar hacia aquel que en realidad es de esta contienda el superobjetivo: el bienestar del pueblo. Es cardinal el no hacer del obstáculo la meta.

El régimen castrista es realmente como el curare, extremadamente tóxico y sumamente efectivo. Cien por ciento letal. Cualquier trato con el mismo puede por ende costarnos la vida, ya nos ha costado la vida. Pero teniendo en cuenta lo expuesto al inicio de este texto, démosle sin embargo a este gobierno una pista más:

- Tienes que dar de comer a tu pueblo. No olvides que es el estómago, como dijera Lin Yutang, quien a fin de cuentas da las órdenes en este mundo.
- Para dar de comer a tu pueblo, a ese que ya no es un niño, que además siempre tuvo dientes, debes escuchar primero qué quiere comer tu pueblo, qué le satisface cultivar a tu pueblo y dónde y con quién quiere tu pueblo

cenar su cosecha. Debes tú ser también el pueblo y no sólo su gobierno.

- Cuando hayas escuchado a tu pueblo sin fruncir el ceño, pues hablar tu pueblo siempre ha hablado, te darás cuenta de que no podrás darle una satisfacción mayor que la de entregarle los medios de producción, para que produzca y se satisfaga a sí mismo. ¿No te das cuenta? Son sencillamente demasiados estómagos y cada uno es el comandante en jefe de su propia boca. No es humano el don de dar de comer a todos, sino el de hacer transitable para todos, los muchos caminos que conducen al olivo.

- No es menos cierto que tal decisión definitivamente descentralizaría tu poder, hoy absolutista más que absoluto, ya que como dijera Marx: quien controle los medios de producción controla también la sociedad, y en dependencia de cuales sean los medios de producción, y de qué estos produzcan, y a cuántos satisfagan, podremos medir el grado de desarrollo y de humanidad de una sociedad.

- Yo agregaría que lo importante no es acaparar los medios de producción como hasta el momento tú has hecho, sino saber distribuirlos cualitativamente, y que este es el verdadero poder. La capacidad de un regente de darle alegrías sanas a su pueblo.

- Y en cuanto al evolucionismo Marxista, más bien Morganiano, pienso que el grado del mismo depende en realidad de cuan contento se sienta, en cada caso particular cada pueblo, en su irrepetible singularidad. No hay, quiero decir, una vara uniforme con la que se pueda medir con acierto el grado de evolución de todos los pueblos. Aunque sin embargo, de acuerdo con Nietzsche en este punto, admito que el grado de desarrollo de una sociedad podía si bien no medirse, al menos con bastante exactitud estimarse, revisando el estado de sus cárceles y las causas de sus prisioneros.

- El pueblo, cada pueblo, sabe lo que quiere, no te engañes, no lo engañes.

- No levantes tampoco la mano contra tu pueblo, como ya se te ha hecho norma, ni le amenaces con golpizas para que entonces de veras, según tú, tenga motivos para llorar. Cuando el pueblo llora es como cuando el rio suena, porque trae piedras en su seno. Y ya van siendo las santas horas de que repares en su pena.

- Ayer te hablaba de pólvora, detonante y metralla, y hoy te doy un par de concejos: respeta a tu pueblo, libérale y libérate.

El racismo cubano hoy. Los negros, los blancos y el poder

Los esquimales tienen más de 100 palabras para decir nieve, y nosotros los cubanos tenemos más de 100 000, para decir a qué raza pertenece cada uno de nosotros.

Realmente nunca desapareció el racismo en Cuba, no es tampoco este unidireccional, ni atañe únicamente a las relaciones entre personas de tez blanca y los de tez negra, en las que el factor color de piel establece las pautas del contrato social entre ambos, y el más oscuro sale perdiendo, aunque sea a este tipo específico de racismo al que se hace alusión en este texto. Pero no era políticamente correcto, y aún no es correcto el hablar de racismo cubano en Cuba, ya que admitir diferencias de razas implica también admitir que no somos uniformes. Y eso va en contra de la doctrina izquierdista de que todos somos iguales, y del discurso del proletariado, y de su dictadura etc. Esto a su vez crea un gran problema, ya que entonces tampoco puedes hablar de que somos distintos, ni de que tenemos diferentes necesidades, derechos y deberes, ni de que somos útiles dependiendo de lo que seamos capaces de hacer, por la sociedad plural en que como consecuencia vivimos, y no como resultado o suerte de cierto absurdo fatalismo melanínico.

La base primera del racismo cubano está en que fuimos colonia de España, y que los negros eran entonces, indiscutiblemente, la clase más oprimida. Al eliminarse la colonia, como dice la escuela ideológica del post-colonialismo, el nuevo régimen continúa usando las viejas estructuras sociales, con un nuevo discurso, un discurso actualizado en donde los viejos males son reubicados no erradicados. La misma escuela ideológica, continúa apuntando que la clase oprimida, ésta con menos acceso al poder, o lo que es lo mismo, ésta con menos posibilidades de transformar su contexto a su favor, por su parte experimenta cierta liberación. Pero no puede hacer mucho con su libertad, pues no están creadas las estructuras sociales para que esto sea posible. Y entonces que un nuevo tipo de alienación, con su consiguiente nuevo tipo de explotación tiene lugar. Las antiguas clases sociales se estremecen, pero hasta ahí. La corteza de la sociedad muestra cambios visibles, pero el planeta social, en esencia, sigue siendo el mismo.

Todo lo anterior, continúa la escuela post-colonialista, con el agravante de que tanto la nueva clase dominante como la antigua clase marginada, arrastrarán consigo cierto cargo de consciencia, y el sentimiento de que deben ser indemnizadas. Lo cual, unido a que a fin de cuentas las estructuras sociales, base de las antiguas injusticias sociales, siguen siendo las mismas, provoca que en muchos casos los miembros de la clase tradicionalmente oprimida se automarginen, y que en no pocas ocasiones adopten conductas extremas contra aquellos otros miembros de la sociedad, que para ellos simbolicen el viejo poder. La nueva clase dominante, actor decisivo en este proceso de acomodo de masas, apoyará e incluso promoverá y hasta inducirá activamente estas conductas, en no pocas ocasiones, con el objetivo de afianzar e incrementar su poder. Al tomar Castro el poder en Cuba, lo mismo. Se usa al pueblo, y en el caso que ahora mismo nos ocupa, a los cubanos de raza negra, como mano de obra y de ataque barata.

Esto es: reconociendo ante aquellos, la opresión a la que han sido sometidos por anteriores gobernaciones, se gana la confianza de estos. Pero en lugar de trabajar activamente por cambiar el discurso, la acción propia, y la ajena sobre los ciudadanos de la raza negra, se utiliza lo mismo que antes se empleó para reprimirla, para continuar, con un nuevo empapelado, reprimiéndole, reprimiéndonos, reprimiendo con su ayuda. Ahora además de exótica, también revolucionaria. Y es como dice el Ifá Oddun Iroso-Toldá: "No hay peor astilla que la del propio palo". El baile, la música, su religión, su valentía, su irracionalidad, su sexualidad, sus barrios, fueron y son utilizados ahora contra "el hombre blanco" que es según el castrismo "el hombre capitalista", el enemigo. Del otro lado está el otro tipo de hombre blanco, "el hombre blanco en el nuevo sillón del poder", "el hombre blanco-verde olivo", que se pinta a sí mismo como al gran padre, el nuevo Céspedes apelando a nuestro nacionalismo, al que ha de estarse agradecido por habernos hecho libres, al que alegremente seguimos los negros en su nueva batalla.

¿Pero qué otra opción tenían, teniendo en cuenta las estructuras sociales existentes, los negros liberados tanto por Céspedes como por Castro, sino la de seguir al antiguo amo a su nueva guerra? La ley de la semejanza o "Law of similarity", base de todo ritual genuinamente religioso, lo es también del castrista. Todas aquellas personas de raza blanca en Cuba, aunque no necesariamente de manera consciente, representan bajo este régimen totalitarista de gallegos-cubanos, la escena dictada desde la punta de la pirámide en donde un blanco está sentado en el trono del poder.

¿No sé si me explico?

El poder político, el militar y el económico en Cuba siempre lo han tenido los blancos. Y Juan Almeida, por ejemplo, durante un montón de decenios posteriores a 1959, qué hacía según dice la voz popular: detener una bala con una cuchara que llevaba en su bolsillo, seducir jovencitas y escribir canciones. Valor, sexo y música, como todo un negro, el negro del poder, el negro número uno de la República Socialista de Cuba, pero el negro, haciendo lo que el discurso establecido por siglos dice que los negros hacen. Este discurso es: los negros como subordinados de los blancos, y si los primeros se revelan sólo hay que recordarles de donde vienen, quienes son. Y ya ellos mismos, atrapados en su contrato social, reconociendo al blanco como ser superior, se autorreprimen y reprimirán a aquellos otros negros que intenten liberarse. Ya que de estos liberarse hundirían aún más a los negros no liberados. Esto conlleva, analizando muy ligeramente la relación entre estos dos grupos, al siguiente orden jerárquico: blancos en el poder, negros con algo de poder, incluso sobre algunos blancos, blancos, negros libres y negros atrapados.

Siendo Cuba un país de tanta mezcla de razas, el pelo, "bueno" o "malo", es el marcador principal de la raza cuando la cosa se pone dudosa. Y los jabáos, son los malos, pero de estos hablaré otro día.

Por eso cuando yo me dejaba el pelo largo, a los negros de mi Marianao natal les molestaba tanto, y me ofendían muchísimo y me la pasaba fajado. De pequeño, siendo el único de mis hermanos y primos que desarrolló estos genes chinos y blancos, visibles en mi piel mulata-amarilla, en mis ojos rasgados y en mi pelo estirado, me pelaban al cero para que mis hermanos menores y primos no se sintiesen inferiores, quiero decir, negros. Además, me obligaban a peinarme con dos manos, cosa que no necesito, ya que mi pelo no es a tal punto rizado. Eso de peinarse con una sola mano era en mi niñez cosa de blancos, y de homosexuales, lo cual a veces significa lo mismo para alguna gente. El blanco puro en la Cuba revolucionaria, quiero decir el blanco no-verde olivo, en el fondo nunca dejó de ser el cobarde

86

capitalista. Los homosexuales iban a la UMAP, pero los homosexuales negros, se las veían negras aun en casa.

Esta es la analogía homofóbica de las razas en Cuba: blanco igual a cobarde, y los cobardes son homosexuales y viceversa. Por ende los homosexuales no podían en Cuba, según los castristas ser revolucionarios, ya que representan al hombre blanco cobarde y capitalista o a quien le sirve. De esta manera aquel negro, que no se comporte como está estipulado que un negro se comporte, siguiendo la atroz dinámica de este discurso racista cubano, reforzado con una buena dosis de totalitarismo castrista, es rápidamente definido como traidor pro blanco, contrarrevolucionario, homosexual y/o racista. En el peor de los casos, significando para el mismo el peor de los infiernos, puede un individuo ser identificado con todos y cada uno de los anteriores calificativos. El racismo en Cuba, si quiere erradicarse, ha de ser primeramente deconstruido, desensamblado y estudiar cada pieza por sí sola y eliminando luego las bases de la interacción negativa entre estas.

La oposición devorando a sus hijos

Existen muchas maneras de extinguir un intento opositor organizado, quiero decir muchas maneras de destruir a una organización opositora. Violencia cultural, violencia estructural y violencia real. Maneras de violencia aplicadas directa e individualmente contra los miembros de dicha organización, y contra la organización recipiente de opositores, como entidad. El aislamiento y la demonización mediática y social, el espionaje, la violencia física, corporal, material, directa. Maneras que van desde la prohibición por decreto y la prisión domiciliaria hasta el saqueo arbitrario de locales de reunión, la encarcelación por tiempo indefinido, la golpiza y hasta la muerte. Pero la mayoría de las razones que realmente destruyen, en este caso a las organizaciones políticas opositoras, no son los agentes externos como los antes mencionados, sino los motores internos de dichas organizaciones, que en cualquier momento se convierten en patologías mortíferas. Las células tratando de salvarse a sí mismas y al cuerpo que entienden suyo, se vuelven contra el recipiente que las alberga consiguiendo quebrarlo. Lo que comúnmente suele llamarse Cáncer.

Entre estos muchísimos agentes internos yo sólo abordaré, de manera muy ligera, tres. Partiendo de una perspectiva estrictamente antropológica.

- Joking Relationships
- Ritual Revolutions
- The Social Fact

1) Joking Relationships: es la relación jocosa establecida entre los miembros de una constelación social, cuyo objetivo es establecer y chequear el estado de las relaciones de poder dentro

de la misma. Esto es, con el consentimiento de las partes implicadas, los líderes ejercen el poder sobre sus subordinados mediante el juego, la broma; mientras que los subordinados también de forma jocosa retan el poder establecido por sus líderes, ganando estos determinados beneficios, gracias a reajustes en las relaciones de poder. Lo particular de estas relaciones es que aquel o aquellos en el poder tienen la potestad, gracias al estatus de líderes del que gozan, de bromear con sus subordinados más de lo que a estos les es permitido bromear con los líderes, sin que esto sea observado como algo anormal y sin que nadie se ofenda en serio. El gran problema en estas relaciones de poder se manifiesta cuando, cualquiera de las partes implicadas, pierde el control sobre el contrato de antemano establecido, y alguna de las partes llega a sentirse realmente insultada.

- El subordinado hace una propuesta y el líder no lo toma en serio. El subordinado pierde el respeto hacia el líder y luego hacia la organización en la que ambos militan.

2)   Ritual Revolutions: son las prácticas democráticas periódicas, recogidas en los estatutos de las organizaciones sociales, como por ejemplo las elecciones de su directiva. El asunto es, según esta teoría, que el verdadero objetivo de estas elecciones no es el conseguir los cambios reales, es decir estructurales, necesarios para la transformación positiva de las organizaciones sociales, sino el de reafirmar el sistema establecido, y entonces las

relaciones de poder imperantes en tales constelaciones. Mientras se crea entre los participantes en dichas elecciones, la sensación de que los mismos ejercen sus derechos democráticos. Esto es, tienen lugar eventos en los que cada cual ejerce su derecho a la reunión y a la palabra, pero en realidad lo que ocurre es que se liberan presiones, que de no ser liberadas, amenazarían peligrosamente al poder establecido.

- La moral de los subordinados se afecta, y estos pierden el deseo a implicarse en los asuntos concernientes a la organización, sus posibles objetivos y el sentido de las mismas.

3) The Social Fact o Hecho Social: es la ley no escrita, que sin embargo somete a los miembros de una constelación social a un tremendo control, a la represión más efectiva. Cosas que simplemente no se dicen ni se hacen, a pesar de no estar prohibidas en los estatutos de la organización en cuestión ni en la legislación estatal vigente.

- Las consecuencias inmediatas para el miembro de una organización, que ose oponerse al Hecho Social, son la burla y el aislamiento.

En resumen: el miembro de la organización, cansado de que no se le tome en serio pide la palabra, la palabra le es otorgada y se liberan tensiones. Con el paso del tiempo comprende el opositor, que se repiten los mismos esquemas, que varias veces le han hecho pedir la palabra, que siempre le ha sido dada, y decide entonces violar la ley, esa no recogida en sitio alguno.

Por consiguiente es este miembro abochornado y aislado por el poder, que concentrado en el líder de la organización, se refleja en cada una de las relaciones establecidas entre los miembros de la misma. Con el tiempo, la organización sucumbe, muere de Cáncer, de vieja.

El Demócrata, los Idiotas y la construcción de la democracia

Un problema grave, de los tantos que enfrenta el demócrata, es el concluir más que suponer, que la mayoría, esa masa a su alrededor, es una masa de idiotas; que luego el porcentaje de idiotas en la masa sea realmente alto, y que por una suerte de empirismo quede demostrada como cierta, la suposición del demócrata.

Y he aquí el dilema del demócrata: imponerse sobre la masa, como cuando en Suecia no se votó por si sí o si no formar parte de la Unión Europea, o asumir el daño como cuando se fue a las urnas, con la pregunta de si cambiar la Corona Sueca por el Euro o no, y la masa dijo que no.

Teniendo bien claro el demócrata, que siempre se es el idiota de alguien, deberá éste asumir, admitir, entender y aceptar que si

91

un sistema social por definición garantiza pérdidas, y ninguna ganancia, es la democracia. No se pierda, por favor, el significado del verbo garantizar. La democracia garantiza que habrá compromisos, y los compromisos implican también siempre dejar fuera de la mochila algo que te hubiese gustado llevar contigo mientras viajas, en pos de hacer espacio a las garantías de un sistema que sin embargo no te garantiza que mientras viajes encuentres lo que buscas, ni de que de encontrarlo entonces te satisfaga, ni que de satisfacerte consigas conservarlo.

La oposición Cubana, espasmos o guiños

> Si usted quiere entender qué es la ciencia, en primer lugar no debe detenerse en la observación de sus teorías o logros, y con toda seguridad no en lo que dicen sus apologistas; sino en lo que hacen quienes la practican.
> Clifford Geertz "The Interpretation of Cultures"

Si usted quiere entender qué es la Oposición Cubana, en primer lugar no debe detenerse en la observación de sus teorías o premios, y con toda seguridad no en lo que dicen sus apologistas; sino en lo que hacen quienes la practican.

En la antropología, o de cualquier manera en la antropología social, lo que sus participantes hacen es etnografía, asegura Geertz en su "Interpretación de las Culturas". Y que es en el entendimiento de qué es etnografía, o más exactamente de qué significa hacer etnografía, donde comenzamos a aproximamos al entendimiento de lo que significa el análisis antropológico como una forma de conocimiento.

En la oposición, o de cualquier manera en la oposición política, lo que sus participantes hacen es resistencia. Aseguro yo basándome en los postulados de Geertz expuestos más arriba. Y es en el entendimiento de qué es resistencia, o más exactamente de qué significa hacer resistencia, donde comenzamos a aproximarnos al entendimiento de lo que significa el análisis político-antropológico como una forma de conocimiento.

Comentando a Ryle, agrega Geertz: considerando, dice él, dos muchachos contraen rápidamente los párpados de sus ojos derechos. En uno de los casos esto es un espasmo involuntario; en el otro, una señal conspiratoria hacia un amigo. Ambos momentos, como momentos en sí, son idénticos, desde el yo-soy-una-cámara. Observándoles fenomenológicamente sólo a ellos, uno no podría decir cuál de los dos es un espasmo ni cuál un guiño, o en sí de qué manera los dos son o ninguno es un espasmo o un guiño.

Conociendo a Clifford Geertz como le conocemos, sabemos que aquí se está refiriendo a la hermenéutica como principio fundamental de la antropología cultural. Contraer los párpados cuando, en donde existe un código público, en el que hacer tal gesto es tomado como una señal conspiratoria es hacer un guiño

93

(…) Pero hay un punto entre lo que Ryle llama "la simple o plástica descripción" de lo que él está haciendo ("contrayendo rápidamente los párpados de su ojo derecho") y la "descripción espesa o gruesa" de lo que él está haciendo ("jaraneando con un amigo, fingiendo un guiño con el objetivo de hacer creer a éste que están en el medio de una conspiración"), y en este punto descansa el objetivo de la etnografía. Afirma Clifford Geertz.

Y he aquí la clave de mis propias reflexiones antropológicas, lo que personalmente considero es el objetivo del análisis político-antropológico como una forma de conocimiento: exponer o al menos tratar de exponer qué hacen los diferentes opositores cubanos, con el objetivo de efectivizar el movimiento opositor cubano. Por supuesto este tipo de análisis, siempre desde una perspectiva científica aunque personal, no en todos los casos ni por todos en todos los casos, es recibido con satisfacción, pero como he dicho: esa es la diferencia entre la verdad política y la científica. La primera busca votos, la segunda construir sistemas. Como antropólogo busco la segunda y si esta resulta útil a la primera, así es la ciencia.

IV

Manifiesto del arte militante

Pocas veces el hombre puede sentir su altura, pocas veces el hombre es consciente del riesgo que corre al ponerse de pie. El hombre se sobrevuela muy poco realmente. Muy pocas veces.

Cuando uno enfrenta el riesgo de hacer un arte militante, el primer conflicto con que choca es con el compromiso de ser justo, es decir, de colocar nuestro arte más allá del odio, del dolor y de las ganas; más allá de todos esos motivos válidos a la hora de hacer arte. Dejar ir al hijo más allá del motivo de los padres, quiero decir. Se deben dibujar las realidades como son, y eso, ante todo, significa que no debemos permitir que nuestras necesidades más íntimas, nos sofoquen el espíritu de tal modo que, cegándonos un ojo, reduzcan nuestra capacidad de observar los fenómenos dialécticamente. Llevándonos a mirar una sola cara de las cosas, la cara que más aborrecemos; y que obsesionados con verla desaparecer, terminemos destruyendo la totalidad de un objeto del que, quizás, se podrían haber salvado muchos de sus lados. Beneficiando entonces a ese todo, que pretendemos defender con nuestro arte.

Bajo ninguna justificación un verdadero artista debe permitirse la flaqueza de perecer mintiendo, seducido por el latido de sus más dolorosos anhelos de salvación. Estoy con los que asumen de antemano, las consecuencias del pecado que es ya, otra vez hoy en Cuba, y desde hace mucho tiempo, decir toda la verdad, de pie ante el poder que representan los estados totalitarios como el nuestro, y la sarna político-económica sobre la cual se sustentan sus días. Pero, ante todo, repito, y esto es importante; que es la mirada desde un ángulo ancho en el que nuestro yo es sólo una de las tantas caras de la realidad, el único embrión del que sin dudas nacerá ese arte que acabe al fin, como dijera Artaud, "con el marasmo que hoy padecemos, y la estupidez de todo".

Año 1991
*Llevé conmigo este documento a las únicas urnas electorales que asistí en Cuba, a principio de los 1990s. Lo llevé conmigo para que en caso de olvidarlo, presionado por los esbirros en el lugar, me recordara porqué debía anular mi boleta.

La fuente de la juventud y la novia de Pacheco

Si algo bueno tiene la joven juventud es que está dispuesta a subordinarse al conocimiento, a pesar de confiar en que puede "comerse el mundo". Por otro lado, si algo no tiene el resto, esa juventud envejecida, es la capacidad de aceptar a la fruta, sólo porque desconoce o niega al árbol. La juventud no es directamente proporcional a la biología sino a la capacidad de

96

aceptar nuevos conocimientos, aun cuando estos obliguen a un replanteamiento, incluso de nosotros mismos, de quienes somos, sobre qué queremos, porqué hacemos que lo hacemos y a dónde vamos.

La oposición democrática en Cuba no debe, sin dudas, obviar estos términos, fundamentales en la concepción de un joven discurso, que es lo que nuestra patria está hace decenios y definitivamente ahora necesitando. La gente tiene muy pocas ganas de aprender, por lo que implica, y por eso no lee más que esas páginas-suerte de comida saborizada, precocinada, facilita, popular, populista y entonces cada vez se llena más la cara de crema, tratando de ocultar sus infranqueables arrugas vueltas cicatrices, siendo cada vez más bruta. Y quien lleva la luz, como escribió una vez el Apóstol: se queda sólo. Cada vez más sólo, con las llaves en la mano, con el blog en ristre, como "la novia de Pacheco", vestida, sin ir al baile, triste, joven.

Es como portar las llaves y no poder llegar a la puerta

Doloroso ver sucumbir al mundo, como la gente entre sí y a sí misma consecuencia de su lenguaje se despedaza, basada en tesis que un día fueron científicas, paradigmas absolutos que hoy, a menos de 100 años de distancia histórica ya, en la academia de

97

estos temas, hemos tajantemente desechado. Y qué hacer es mi dilema, cuando ni siquiera podemos hablarles sin que utilicemos frases, construcciones verbales, palabras necesarísimas; porque no tenemos otras, sin que quienes nos escuchan asocien lo que le decimos, precisamente con aquello que no queremos que asocien nuestro discurso. Dije cultura y se me entendió esencia, dije esencia y se me entendió preexistente, cuando lo que quise decir fue que si de algo carece la llamada cultura es de esencia, y que si a la cultura algo esencialmente le define es su carácter existente, contextual, necesario, del momento, efímero, funcional. Y entonces no pude salvarle, salvarme. Es como portar las llaves y no poder llegar a la puerta.

Violencia profética, el acto profano, y la consecuencia profética

Violencia profética, es el término que utilizamos en estudios académicos del comportamiento religioso, para referirnos al acto en el que "El Profeta" normalmente letrado y pacífico, con bases en la fe que profesa se violenta emocional y físicamente, empleando entonces tanto la violencia verbal como física contra quienes o contra lo que considera profano, ejemplos clásicos estudiados en la academia son:

- Abraham destruye los íconos tallados por su padre dejando intacto sólo al mayor.
- Moisés arremete contra los adoradores del Becerro de Oro.
- Jesús echa a los mercaderes fuera del templo.
- Mahoma destruye los íconos tradicionalmente adorados en la Meca.

Vale anotar que éste término, comúnmente aplicado en el estudio de las religiones, es aplicable en donde quiera que el acto violento no sea la constante sino lo puntual, y tenga un origen ideológico, quiero decir en la idea, y en el asumir a la idea como la verdad única, base o fundamental, sea esta política o no. Y que dicho acto sea ejecutado por ese que desde la idea siempre abogó por la no-violencia.

Profeta es aquel que profesa, y que lo que profesa le convierte en intermediario, entre ese o esos a quienes profesa, y aquello a lo que tanto él como quienes le escuchan aspiran. Al profeta, su condición de intermediario le convierte siempre en líder, y muchas veces en mártir, como sucedió con Oswaldo Payá Sardiña, fundador, líder y mártir del MCL.

Bueno acotar que el carácter profético es en lo absoluto cuestionable, sobre todo por quienes compartiendo el mismo contexto hacen lecturas distintas, y hasta antagónicas del mismo. De ahí, a mi modo de ver este fenómeno, viene lo de que: "nadie es profeta en su tierra". O lo que es lo mismo, el profeta en el contexto "de otros" hace analogías con su contexto de origen o anterior, analogías tranquilamente asimiladas, aceptadas, e incluso tomadas como verdades esperadas. Y esto es gracias a que al estar estas analogías, lo suficientemente alejadas del contexto en el que en cuestión se encuentra el profeta, no ponen a dicho contexto evidentemente en peligro, aunque la verdad es que sí lo hacen. Un buen ejemplo de esto es la huida de Mahoma de la Meca y su condición de profeta adquirida en Medina/Yatrib, lugar desde donde Bilal hace la primera llamada a la oración musulmana, punto de partida también de la expansión del Islam hacia el resto del mundo. Otra cosa que caracteriza al profeta es el acto de anticiparse a los hechos, el hecho de lanzar profecías, que a no ser que a la mente se le considere algo divino, estas no tienen otras raíces que la capacidad de estos individuos, humanos, de leer en la historia de sus contextos, y sistematizando sus lecturas augurar con mayor certeza el futuro del mismo.

Un levantamiento puntual violento de la oposición pacifista cubana, podría ser considerado un acto de violencia profética, ya que la misma aboga por el no uso de la violencia, y es a su vez la intermediaria entre la masa "apolítica" social popular cubana, y el bienestar al que tanto la oposición pasífica cubana y la masa popular cubana aspiran. Sin embargo, de prolongarse este momento de violencia, entonces ya el mismo no podría ser considerado un acto de violencia profética, sino la consecuencia profética de un acto profano, como lo es el de la voladura del puente entre las masas populares y el merecido bienestar de las mismas. La consecuencia profética, y esto se complica, es el paso intermedio entre un acto profano y no necesariamente el bienestar deseado por las masas populares, pero sí el momento inmediato al nacimiento de nuevos profetas.

La nación cubana, los cubanos y el bien común

Creo, en el bien común, no en la unidad a ultranza de todos los cubanos, ni en la idoneidad de una acción única en contra del Castrismo. Creo en que no creo que la cuenta con los Castro sea la misma para todos, y por ende tampoco creo en que la manera de saldarle pueda ni deba ser la misma para todos. Creo que ya desde antes no éramos iguales, creo en que nunca formamos parte del mismo todo, creo en que muchos de nosotros en Cuba jamás hubiésemos conversado el uno con el otro, y me pregunto, por qué comenzar a hacerlo ahora.

Creo en que del bien, lo común, es el que le hayamos localizado como lo que no nos maltrata. Al menos no en la misma medida en que lo hace eso que evidentemente nos lastima, y que a veces, de un tiempo a esta parte, llamamos Castrismo. Creo en que de abstracciones, ambigüedades, incongruencias, populismos, elementarismos y groserías estoy hasta el tuétano. Creo en que nadie me hará ir a gritar a la plaza consigo por el sólo hecho de haber nacido, como yo, machacado por el concepto de "cubano", bajo el concepto de "nación", y el de nación bajo el concepto de "estado", y el de estado implicando el concepto de "soberanía" de no sé quién ni de qué.

Para que marchemos juntos hay que ser algo más que cubanos, y cubanos tiene que querer decir algo más que nacidos en Cuba, y Anti-Castrista no puede ser únicamente la mera suma de anti y de castrista, suma que no necesariamente tiene que implicar el bienestar del pueblo cubano. El todo no es solamente la suma de las partes.

Creo en que si lo que define a nuestro bien como común es la negación, que entonces eso a lo que llamamos bien común, y en lo que yo también creí al principio de este texto, no existe. Esto es: los que no queremos a los Castros en Cuba no, no los queremos, de la misma manera ni con la misma radicaleza les despreciamos ni "el bien" es para todos nosotros el mismo Anti-Castro.

Los próximos días serán decisivos

¿Cuántas veces tendremos que escucharles decir que "los próximos días serán decisivos"? Como si todos los días, con o sin declarada crisis económica, no lo fuesen. No recuerdo un solo día de mi vida del que no haya pendido la suerte del día siguiente, y con la de ese día mío la suerte mía.

Cementerios reforzados por cubanos

Nuestra historia es de libros, la que se lee y se ve como ajena,
distante, la que no se quiere vivir ni se puede, por bizarra,
aceptar. Uno se encuentra diciéndose: esto no me está ocurriendo.
Y luego, el fin, cementerios reforzados con la llegada de cubanos,
verdad absoluta y uno diciendo: esto no me va a pasar a mí. Con
la certeza de que claro que me puede ocurrir también a mí.
La muerte está en todas partes, y el motivo por el que "dejamos
Cuba " también, y entonces seguimos aquí pataleando, con el
agua hasta la barbilla en un charco lleno de bichos que muerden,
lamen y pican, envejeciendo.
Claro, claro que puede ocurrirnos también a nosotros, eso de que
reforcemos cementerios en las afueras.
Nuestra historia es de libros, la que se lee y se ve como ajena,
distante, la que no se quiere vivir ni se puede, por bizarra, obviar.

Cuba, los cubanos y el Mito de Sísifo

No sé qué es…
Porque ya calmé, por un ratico el hambre y el sin zapatos de mi
madre, y su frío también, a los cientos de grados sobre cero que
despintarrajan a Cuba, con todos sus cubanos dentro, sin

conseguir licuarla, licuarles, y sacármelos de la mente, por la nariz.

…lo que me está pasando.

He vuelto a enviar dinero a Cuba, esta vez por las navidades y el fin de año y he dicho Feliz Navidad y Feliz Año Nuevo un montón de veces, otra vez y no sólo a Cuba.

Lejos de Cuba…

Otra vez he cebado al tirano que me mantiene lejos, a su mondongo verde olivo, que ojalá no soporte mi buena ni mi mala voluntad.

….no estoy contento.

Fin de Año, de los años, un año más, un año menos, un año menos, otro año que no sabemos si será el último, ni si último quiere decir también algo bueno.

Lo mejor es liberarse de las fechas, llevarlo todo a tomadas de aire, a empujones necesarios e innecesarios, a resbalones y a levantadas.

Hablemos de continuidad, porque la continuidad es lo único que existe, aunque entre números en la mente le deshagamos, y nos deshagamos más allá de la mente, en el largo esfuerzo de subir la piedra que tendremos sin embargo que dejar caer, sin liberarnos. Jamás.

Cuba, Martí Apóstol, Jesucristo y el no morir en vano

La muerte del Apóstol es como la de Jesús, para decirnos: sigue mis enseñanzas pero no hagas lo que yo hice. Di lo que tengas que decir y haz lo que tengas que hacer, pero dilo y hazlo desde la plataforma idónea, no vaya a ser que te maten.

En esta lucha por la libertad de Cuba no todo el mundo, en ninguna batalla ganada, estuvo en las barricadas, porque no todo el mundo, en ninguna batalla ganada, fue imprescindible en, ni tuvo el don de las barricadas.

Si en algún lugar estuvo el éxito de la contienda, que llevó al poder en Cuba a quienes hoy nos reprimen, fue precisamente ahí: en que no todos estuvieron en las barricadas. Así como que si en algún lugar estuvo el hecho fatal, que llevó a una contienda triunfante a convertirse en lo que hoy nos reprimen, fue precisamente allí: en el obligar a todos a las barricadas.

Si lo que quieres es verde, no mezcles rojo con amarillo

Y es eso, nos la pasamos preguntándonos por qué las cosas no suceden como queremos, por qué los Castros han estado en el poder tantos años, por qué Cuba no es libre de esto y de lo aquello. Y la respuesta es muy sencilla. Sabemos que el amarillo como color primario, algo tiene que ver con el verde, ignorando que al mezclarle con el rojo, definimos la existencia del anaranjado. También sabemos que roja es la sangre, es decir, la costumbre, y sobre esas dos bases nos perdemos.

Entre la costumbre y la conjetura, o como también puede llamársele a esta última: un "me suena a que es por aquí", se nos ha ido la vida, y se nos seguirá yendo en estrategias basadas más en corazonadas y en cabezonadas que en hechos empíricos. Lo cual es todo lo contrario a lo que desde hace más de 50 años han venido haciendo con nosotros los Castros, aunque no nos lo queramos creer. Los Castros sí saben que el poder de sus uniformes es una mezcla bien balanceada del amarillo con el azul, de colores primarios; y que rojo, también primario, es el color del líquido pegajoso y grave que seguiremos perdiendo, si continuamos empeñados en obtener secundarios, desconociendo la naturaleza de sus cuestionables primarios.

Yo no tengo la solución para los males de Cuba, incluyendo entre estos, por supuesto, también al Castrismo. Pero lo que sí tengo es la certeza de que hasta el día de hoy, de que hasta ahora mismo, la mezcla en el tonel sigue tendiendo más al anaranjado que al verde, y que es necesario preguntarnos de nuevo qué queremos y cómo: verde, anaranjado, violeta o qué. Y en consecuencia obrar.

Las fuerzas democráticas cubanas tienen que decidir qué quieren, si el poder absoluto o el poder compartido. Porque yendo hacia el anaranjado, si lo que quieren es conseguir el verde, se están matando.

El Anticastrismo es como el Satanismo

El mayor capital de la dictadura Castrista no es económico sino ideológico, eso debería estar clarísimo a estas alturas de nuestra modernísima historia cubana. Y es precisamente eso con lo que la dictadura Castrista continuará negociando nuestra libertad nacional. Se mueren Hugo Chávez, Fidel Castro y hasta el mismo Raúl y no pasará nada que nos favorezca como pueblo, porque el verdadero enemigo sigue ahí y se llama Castrismo. Ese sobre las bases de la "Revolución" como lo trascendente, en donde muchos alrededor del mundo siguen, por defecto político de otros o por lo que sea, aferrando sus cabos.

Estamos en medio de la evidencia de una crisis económica mundial, que eclipsa a otra mayor, también mundial, la crisis ideológica. Y eso, como lo hacen los movimientos New Age de corte religioso y los partidos de políticas extremas, es lo que aporta el Castrismo, una ideología, una tabula rasa, una solución única fundamentada en la idea de un todo trascendente, asentado este a su vez en un mosaico creciente de deseos, y esperanzas hechas realidad en nuevos deseos, en acciones nada sistemáticas, intensas y de corta duración, populistas. Ilusiones. De ahí lo de la efectividad de las Reformas Raulistas. Y entiéndase efectividad en término exclusivo referente al objetivo de estas reformas, que es el mantener a la cúpula Castrista en el poder.

Pronto entrarán en vigor las nuevas medidas migratorias para los cubanos y esto, si bien dará "agua al dominó" económico y sentimental dentro de la isla Castrista, pobre de aquél al que le toque el Doble Nueve. Aun cuando no tan visible sí muy sensible, será este sobre todo un golpe ideológico de mucho efecto, con repercusiones directas y bastante inmediatas, primeramente en la comunidad cubana en Miami, retorciéndola en conflictos étnicos si no se elimina "La Ley de Ajuste Cubano". Ley por cierto que también ideológicamente es un fracaso.

Entonces, si de verdad queremos que la situación en Cuba cambie a nuestro favor, como pueblo cubano que somos y seremos; por lo fatal, entiéndase inamovible, de nuestro natalicio, lo que tenemos que hacer es trabajar ideológicamente con nuestro pueblo, utilizando un nuevo discurso, no el discurso Castrista al revés, como sucede en el 99.99% de los sitios cubanos anticastristas en la Internet.

El Anticastrismo es como el Satanismo, ya que los primeros como los últimos, siguen utilizando la misma cruz y balbuceando los mismos versículos que su antípoda, pero al revés. Al pueblo cubano no hay que hablarle más de su sed sino de en dónde conseguir su agua, y si camino al oasis le raspa la garganta entonces discutamos si eso se llama sed, pero siempre de camino al oasis. El Castrismo existe gracias al Anticastrismo, séase más por el respeto a los Derechos Humanos y desaparecerá el Castrismo. Porque la Patria no es la "Revolución" ni estar en contra de Castro implica estarlo a favor de la Patria.

¡Menos mal que Mayami existe!

Menos mal que Mayami existe, y léase que escribo Mayami y no Miami, porque si de un pedazo de tierra estoy hablando, es de la parcela al sur de la Florida y al norte de la Habana, que no es uno de los Estados Adjuntos del Norte ni el Desligado del Caribe, sino ese lugar distinto en la esquina de un barrio, y en las afueras de otro; en donde tantísimos cubanos han vivido, y viven, y serán sembrados el día en que les toque convertirse en flores.

Mayami, qué me dice Mayami, Mayami me dice que los Estados Unidos de Norteamérica, viéndoles como a un todo es un gran lugar, y repárese en que escribo lugar y no nación. Porque de escribir nación, estaría sometiendo toda esta reflexión a un concepto, que de verdad no sé si alcanza para describir al sitio en donde existe Mayami; aun cuando la idea del "Sueño Americano" sea una gran idea, y el concepto de nación se prefiera como al de un grupo considerable de personas, que reunido en torno a una idea, reclama el derecho soberano sobre un punto geográfico bien delimitado.

Mayami, este lugar que transcurre en cubano, me habla de mi isla, pero no de "¡Oh Cuba como te extraño!" sino de "¡Cóncho Cuba, no son tus cubanos, eres tú!"; porque apenas te abandonan tus cubanos matan por ti, se matan por ti, hacen lo que sea por ti, así como tú les enseñaste a matar y a morirse por ti.

En Mayami conversé con la que en el Versailles tenuemente, y con algo de desprecio, confiesa que trabaja en este lugar porque no le queda más remedio, y en otro establecimiento comercial hablé con alguien que se definió a sí mismo como intransigente; pidiendo éste además sólo tres días como presidente de Cuba después de los Castro. Tres días y dos pelotones de fusilamiento, uno en Santiago de Cuba y otro en la Habana, en donde arrancarle las cabezas "al que se pasara". Supongo que se refería a los "comprometidos" con el castrismo.

En Mayami abrasé a grandes amigos de todos los tiempos, a exnovias, a expresos políticos llenos de roña; y sin embargo sumamente corteses, y hasta cariñosamente paternales. En Mayami encontré a cubano-americanos, a catedráticos, a una cubana encaramada en un Audi con los rolos puestos, a expedicionarios de Girón, a batistianos y también a antibatistianos, e incluso a quien me dijo que no estaba en Mayami por asuntos políticos. En Mayami encontré a mi padre en el exilio.

Mayami es como ir al barrio y quedarse en la esquina, sin llegar a casa a darle un beso a tu madre. Mayami es sentarse en el contén en donde siempre te dijeron que no te sentaras, y que allí te den las tantas. En Mayami me comí un bistec al que poco faltó para que me matara a vómitos, pero no importa.

Mayami me encantó, porque me mostró lo compatible que somos los cubanos con la democracia, a pesar de ser tantos y tan distintos el uno del otro. Mayami es la prueba de que si un problema tiene Cuba, ese no somos sus cubanos, sino quienes desde hace más de cinco décadas le violentan, quiero decir: los Castro.

El saludo interpersonal en Miami y Washington

¡Qué raro! -exclamé en mi muro de Facebook- en Miami no me saludó nadie en el aeropuerto ni en ningún otro sitio, a no ser mis amigos o aquellos a quienes allí les fui presentado, mientras que en Washington, a pesar de todo ocurrir in english, me saludan todos...

Me pregunto a qué se deberá tan agradable proceder washingtoniano. "jaja!! - agrega una amiga comentando mi exclamación- te creíste el cuento de que Miami era USA, esto es Cuba, si te caes en un canal todo el mundo se tira para el agua a salvarte, en Washington te saludan, pero si te caes, tienes que esperar por el Rescue".

La gente, digo yo, suele ser directamente solidaria, cuando no existe una confianza en que la sociedad sea capaz de satisfacer sus necesidades. Definida la sociedad como la red de instituciones sociales, creada con el objetivo de satisfacer nuestras necesidades, en un contexto social determinado.

Y esto es: en Miami-Mayami, llena de cubanos formados y deformados por La Revolución, la gente se tira al canal para salvar a alguien, no porque sean más solidarios que en otros sitios de USA, sino porque están crecidos bajo la idea de que de la sociedad, como la red de instituciones antes descrita, poco o nada

pueden esperarse. Y de ahí la iniciativa personal, el acto heroico y
el no te saludo si no te conozco, porque desde mi ventana eres esa
sociedad en la que no confiamos, como cubanos. Identidad-
contrato social, que en el contexto Mayamense es imposible no
firmar, quiero decir eso de que somos cubanos.

La gente en Cuba no llama a la ambulancia o a la policía, porque
las instituciones cubanas no escuchan, porque no están hechas
para satisfacernos como ciudadanos, sino para someternos al
poder Castrista. En Cuba la gente se golpea entre sí, como para no
perder la costumbre de no creer en las instituciones sociales; en
este caso en aquellas instituciones, que deberían resolver
conflictos interpersonales. Y luego un vecino descalzo, siguiendo
la misma línea desobediente y civil, y de tribu al garete, toma su
chevrolet 57 y lleva a los heridos al hospital. En cambio en
Washington, se dice que la gente te saluda pero que no se lanza
al canal para salvarte si te caes, sino que llama al 911. Y el
porqué se cae de la mata, como se dice en el cubano que también
se habla en Hialeah; en Washington la gente cree en las
instituciones sociales, y sabe que con su saludo nada obligado
basta para recordarte que vives en sociedad, y que tengas
cuidado al borde del canal, no vaya a ser que te caigas y haya que
llamar a los buzos, y al final todo te cueste un baro, como se dice
en el cubano de todos los cubanos.

¿Qué estamos haciendo de Cuba?

Los lugares son lo que les hagamos, y lo que hagamos siempre la resultante de un verbo; siendo este último quien da sentido a la acción, es decir, a lo que hagamos. Reflexionaba yo, viendo en Facebook las fotos de la gente en Cuba, de la gente que vive fuera de Cuba, leyendo los gritos de – ¡Voy pa'llá Cuba!– de la gente, de esa misma gente cubana que ya no vive todos los días en Cuba.

Visitar, descansar, añorar, especular, huir, turistear, regresar, escapar, usar, relajar, amar, despreciar, luchar, ignorar, vender, soñar, alcanzar, exiliar, prostituir, traicionar, conquistar etc., etc., etc… Lista infinita, la de verbos, es directamente proporcional a la necesidad y ésta a la reflexión.

Cuba lugar a visitar, lugar del cual y en dónde descansar, Cuba lugar añorado y desde donde añorar, desde donde añoramos, desde donde tanto se nos añora, que tanto nos añora. Cuba lugar a donde, en donde y desde donde especular, Cuba, lugar al cual y desde el cual huir, Cuba lugar en donde turistear, Cuba exclusivo paraíso turístico, Cuba paraíso exclusivo para los turistas. Cuba lugar ignorado, ignorante, de ignorados. Cuba, lugar vendido, soñado, alcanzado, prostituyente prostituido, prostitutor traicionado. Cuba lugar en el exilio. Cuba Exilia, a dónde, de dónde y desde dónde exiliarse. Cuba lugar conquistado y de conquistas, saqueado.

El verbo es la realidad y el sujeto la materia. Cuba, la materia, y nosotros, parte de ella. Preguntarse qué estamos haciendo con Cuba es lo mismo que preguntarse qué nos estamos haciendo. Por eso, si no por Cuba al menos hagámoslo por nosotros, respondámonos qué estamos haciendo de Cuba, y si es esta realidad la que en verdad necesitamos, y si el verbo que nos lleva a Cuba se corresponde con esa realidad que estamos necesitando, con la que nos está necesitando.

El Vivo vive del Bobo

El Vivo vive del Bobo, hasta un día. No hace mucho que, no sin dolor, enterramos a uno, a un Vivo quiero decir, como cualquier otro cubano diría, y no sólo en la Cuba de Castro. Porque este fenómeno de Vivos viviendo de Bobos, y de Bobos que lapidan Vivos, que luego Vivos y Bobos siembran, parece más que social ser una atrofia genética padecimiento de cubanos. Apliquese el gentilicio cubanos a aquellos sujetos, femeninos y masculinos, nacidos en la "Cuba Postaina".

A 17 años luz y oscuridad (17ALO) de mi Pogolotti natal comprendí, y ya era hora de poder formular una ecuación oral al respecto, que la naturaleza de este fenómeno que llamaré "Vivobería", no es intrínseca al contexto social en que ésta se

115

manifiesta, sino al "Postaino" o a la "Postaina" que
lamentablemente la padece.

Bueno, desconstruyamos la ecuación oral enunciada más arriba
ahora, y entendamos, si nos es posible, la naturaleza de la
"Vivobería". Esto es: el Vivo (V), se las pasa inventando problemas
que irremediablemente afectan al Bobo (B). Problemas, necesidad
identidad de V, en los que B es variable indispensable. Sin B no es
posible la existencia de V ya que V, como la realidad, es un
producto de la consciencia. B, en cambio, como la materia, existe
fuera e independientemente de la existencia de V, aunque sea V
quien le bautice. V es el origen de todos los problemas que B
tendrá que evadir, o que resolver, en un contexto determinado
por V. B aquí puede ser V allá o C o J, y como variable es por ende
sumamente inestable. Este es el principio fundamental de la
"Vivobería".

Y así van las cosas, hasta un día. Hasta el día en que B, variable
indispensable en el mantenimiento de la "Vivobería", por H o por
G haciendo gala de su inestabilidad, no consiga resolver los
problemas creados por V. Y entonces V, víctima de su
dependencia de B sucumbe, supuestamente, por negligencia de B.

- Lo palpable: un grupo de Vs y Bs siembran a un V.
- Lo cuestionable: B lapidó a V. V se lapidó con B. V se
  lapidó a sí mismo.
- Lo tácito: historia triste de final reiterativo.

116

V

Lo peor es, y no sólo en la Cuba de Castro

Lo peor es, y no sólo en la Cuba de Castro, cuando al mal, cualquiera que este sea, se le normaliza; y a la pobreza, a la enfermedad y a la muerte, se le otorgan grados de aceptabilidad e inaceptabilidad, bajo sentencia de que la vida es así. Como si no fuésemos nosotros quienes hacemos a la vida lo que es, ni nuestra responsabilidad el anormalizarla.

Lo peor es, quiero decir, cuando se distingue a unas dictaduras más dictatoriales que a otras, y a un dictador menos dictador que al otro, a un hambriento más hambriento que al otro, a un maltratador más maltratador que al otro; cuando un dolor es más tolerable que el otro, cuando el largo de una falda justifica o injustifica su sobrenombre, y entonces el que a esta se la viole o perdone. Y que todo esto nos parezca lo más normal del mundo, la vida misma, la misma vida de siempre y hasta siempre.

Lo peor es, cuando nos decimos así es: es normal que cada locomotora se las arregle con su carga. Lo peor es que la gente se maltrate a sí misma y entre sí, el que la democracia también tenga hijos mendigos; y que la constante mala educación de tantísima gente, por común, nos parezca aceptable. Lo peor es, cuando el mal, cualquiera que sea, no nos parece extraño. Que te cuelgues o te cuelguen la sed, un bastonazo, una ofensa y todo lo que puede secar al alma humana, además en el exilio, y que a nadie le parezca ajeno. Que te pudras en silencio convencido de que así es, y que ni siquiera a ti te resulte extraño, eso es lo peor. Lo peor es cuando el mal, cualquiera que sea, es relativo. Cuando estar solo, sentirse solo, arreglárselas solo, y valerse por sí solo, se hacen sinónimos; y lo mala que es la soledad no deseada, no se recuerda. Lo peor es cuando al mal, en cualquiera de sus formas, se le normaliza. Lo peor es no comprender, que la normalización del mal ajeno nos hace, siendo nosotros los ajenos que somos del otro, cada vez más vulnerables.

Nepal: La estructura de la vergüenza

Comenta una amiga en las redes sociales, que es una desvergüenza el que con lo que se pagó a los peleadores en Las Vegas, podríanse resolver los problemas de millones de personas, en un Nepal literalmente hecho escombros. Y es lo que yo digo: dinero hay, lo que no hay es vergüenza.

La pregunta es por qué.

Bueno, mi respuesta es porque este mundo está estructurado de forma tal, que la planta que produzca vergüenza no sobrevive en su contexto, que es la estructura que no está hecha para que se

118

produzca ni consuma vergüenza. Producir vergüenza es simplemente no rentable, dada las actuales estructuras sociales de las que todos, hambrientos de vergüenza o no, conscientemente o no, voluntariamente o no participamos. Habría que renunciar a nuestro estilo de vida y pocos están dispuestos a hacerlo. Y quienes lo hacen pues, mueren de vergüenza.

Esto de la vergüenza como castigo o consecuencia de ir en contra de las estructuras sociales, resumidas en leyes no escritas pero infinitamente efectivas, represivas, obligatorias, sutiles, ya lo explicaba E. Durkheim, cuando definía lo que él llamo: "The Social Fact".

Ya nadie habla del terremoto en Nepal

Ya nadie habla de Nepal, no en esta parte del mundo. ¿Será que lo del terremoto en Nepal fue uno de nuestros múltiples delirios? ¿Ocurrió? Todo esto me recuerda a Kant. ¿Será que el terremoto Griego nos afecta más? ¿Cuándo dejaremos de hablar de Grecia en esta parte del mundo? ¿Cuándo Grecia no será más nuestro delirio?

Dicen que el cuerpo muta, que se deshace de lo que ya no le sirve; como nos ocurrió con la cola, con la abilidad del dedo gordo del pie, como nos está ocurriendo con los colmillos y los cordales desde que empezamos a darle candela a la carne. ¿Es que con la mente ocurre lo mismo, y que simplemente dejamos de pensar en lo que no nos sirve, para alcanzar la proxima rama? ¿Será que en realidad jamás nos bajamos del árbol, que nuestros pies tocan tierra sólo de vez en cuando, y que cada vez el tigre nos recuerda cual es nuestro lugar, quiero decir, las ramas? Lo cierto es que ya nadie habla del terremoto de Nepal, que con o sin colmillos es Grecia lo que está de moda ahora. Pobre Grecia, desde el día en que sus diarios dejaron de reportarnos, sobre el terremoto en Nepal.

El origen de la violencia en Latinoamérica

La historia

Si se quiere saber, de verdad, cuál es el origen de la violencia en Latinoamérica, lo más importante es no olvidar, es no acomodar a la historia. Porque a las víctimas, a estas les dolerá siempre y siempre serán materia prima de los déspotas de la tierra. Lo que vimos en el Chile de Pinochet, lo que hemos visto en Cuba durante medio siglo y mucho más, los incontables asesinatos en tierras Bolivarianas sin dudas demuestran que está sucediendo, también en Venezuela.

Colombia, México, el Salvador, Brasil, Guatemala, Argentina, Panamá, Paraguay, Ecuador, Uruguay, Costa Rica, Puerto Rico, Nicaragua, Dominicana, Bolivia, Honduras, Perú.

Nuestras tierras todas, arden.

El origen

El origen de la violencia, y aún más cuando es de masas tintas en fundamentalismos, entiéndase de una vez y por todas que es la pobreza, y el de la pobreza la insatisfactoria distribución de los frutos de la tierra. El origen de la violencia, como quiera que esta se manifieste, y en donde quiera que esta se manifieste, es esa política origen de desarrollos desiguales. El origen de la violencia es la segregación.

Lo normal

Anormalicemos al orden establecido, al que tácitamente niega o que con creces dificulta, el acceso del prójimo al bienestar social-frutos de la tierra-desarrollo, y veremos el fin de la violencia en Latinoamérica y en el resto del mundo.

Los déspotas

Latinoamérica, y éste es el punto cardinal e indiscutible en la llamada Teología de la Liberación. Revísese el Segundo Concilio

Vaticano (1962-1965). Latinoamérica es el continente en donde se concentra la mayor cantidad de cristianos pobres del mundo, siendo este sin embargo el continente más devoto al Cristo Rey, en este mundo. Y entonces, dónde aprenden nuestros déspotas latinoamericanos a ser tan déspotas, pues aprenden en la pobreza.

Dejemos de acomodar a la historia, anormalicemos a la segregación, neutralicemos a nuestros déspotas y veremos entonces el fin de la violencia en Latinoamérica, y "también en el resto del mundo.

El Movimiento de los Indignados

El Movimiento de los Indignados, entiéndase bien, no es un movimiento de izquierda ni un movimiento de derecha, sino un movimiento contemporáneo, en el que todo el cuerpo de la sociedad está comprometido. Este movimiento es un producto orgánico de la sociedad que según Immanuel Wallerstein, tiene aproximadamente unos 500 años de fundada.

Los que se mueven hacia las plazas, "tomándolas", son sólo una representación dinámica y pública de la indignación generalizada que hoy todos padecemos y manifestamos, de diferentes maneras, incluso criticando a este Movimiento de los

Indignados, al que sin embargo todos pertenecemos, de uno u otro lado del enrejado.

¿Quién no se afecta en este mundo global cuando Victor Muller, presidente de la Saab en Suecia, recibe un tremendo bono mientras que los trabajadores de dicha industria no tienen seguridad de pago, ni de si serán los chinos con la autorización del Partido Comunista o los rusos de la ex KGB, los que pasarán a ser los nuevos dueños del gigante insignia industrial escandinavo?

Unos se van a la plaza y otros le llaman a estos holgazanes, algunos en Madrid maltratan severamente a sus esposas, cuatro niños son asesinados diariamente en USA por sus mayores, alguien da cuatro gritos en el inodoro y vomita, otros se cuelgan de un flamboyán cercano a la Plaza de Cuatro Caminos, algunos sonríen la indignación del resto y otros escribimos un artículo. Pero todos, a favor o en contra de este grupo de las plazas, somos parte del Movimiento Global de los Indignados.

El Movimiento de los Indignados no es la manifestación de una escuela ideología específica, ni sus manifestaciones son uniformes; tampoco es el producto del estímulo de un presidente en determinado ni necesitó de líderes, al menos en un inicio, ya que el mismo es un movimiento consecuencia, un movimiento de reacción que en una sociedad global es también global.

Este movimiento, no es un movimiento en contra del capitalismo ni a favor del comunismo, sino contra la acumulación del capital y del poder en detrimento de la mayoría capitalizadora, de nosotros los oprimidos. Este movimiento, definitivamente en contra de la centralización del capital y del poder, es por definición no un movimiento de izquierda, este movimiento es un movimiento que busca la democracia funcional, anteponiéndola a la democracia institucional, discursiva, burocrática y diletante que ha provocado la crisis económica y de valores en la cual hoy nos encontramos. Este es un movimiento en contra de esta guerra invisible que está matando a la familia, célula fundamental de la sociedad moderna, esa que según Frank, Andre Gunder y Barry K. Gills tiene cerca de 5000 años de fundada .

La claridad es sólo más hielo

Me siento dentro del cañón de un revólver, consciente de que no soy quién decide sobre el dedo que en cualquier momento obligará al martillo, que empujará al plomo, que yo sé que es más rápido que yo. Siento, que no vale la pena correr, que tengo que hacer lo que tengo que hacer, que no sé qué es, con la esperanza de un pronto Game Over, a mi favor. Ahora sabes cómo me siento. A base de letras que no son una mera reflexión personal, sobre el crítico estado de mis ojos encandilados, a los que bastaría un colirio de palabras amigables para hacerles dejar de llorar.

Se trata de que creo haber descubierto, quitado, que algo
digamos. ha perdido el velo. Se trata de que la metáfora del cañón
es una verdad universal. Se trata de que ir hacia la luz es no
regresar, aunque parezca la salida más razonable; y sí que lo es,
pero no tu salida, sino la de la bala. Y es que es como cuando te
caes debajo del hielo, que no debes nadar hacia la luz sino hacia
las franjas oscuras, por muy ilógico que te parezca. Porque es allí
en dónde se rompió el hielo. La claridad es sólo más hielo.

Se trata de que el que no sientas sus paredes ferrosas, lo único
que indica es que tu cañón es más ancho y también más largo;
que más tiempo le toma al plomo alcanzarte, porque más trabajo
le cuesta al dedo obligar al gatillo, prender la mecha, artillar el
artefacto…
Se trata de que así vivimos en nuestras ciudades, de que es así
como hacemos historias. Se trata de que el proyectil es también
más ancho. Se trata de que eso, de que eso fue lo que le ocurrió a
los últimos dinosaurios, lo que le ocurrió a la tierra
que nos regaló a la luna.